여행 잘하는 사람으로 큰다면

세상 밖으로 나갈 내 아이를 위한 여행육아

여행 잘하는 사람으로 큰다면

류한경 지음

애플북스

여는 글

"이 책은 여행 다녀온 추억을 담은 것에서 그치지 않고,
아이를 키우는 마음가짐까지 배울 수 있어 좋았어요.
책에 줄 치는 것을 싫어하는데 열심히 줄 치며 읽었네요.
이 책은 단순히 여행책이 아니라 제가 찾던 육아책입니다."

저의 첫 책 《아이들은 길에서 배운다》를 읽고 어느 독자가 해주신 말씀처럼, 단지 여행 책이 아니라 아이를 키우는 데 작지만 든든한 힘이 되는 책을 쓰고 싶었습니다.

아이가 커서 사춘기가 되고, 공부 경쟁이 치열해질수록 부모의 고민은 더 깊어집니다. 아이를 어떻게 키워야 할지 선배 엄마들에게 물어볼 때 "공부 진짜 많이 시켜야 해요", "이제 좋은 시절은 다 지나간 거죠" 이런 말을 들으면 마음이 불안했습니다.

"아이가 꿈꾸고, 숨 쉬게 해주세요", "자신의 길을 찾을 수 있도록 응원해주세요" 이렇게 마음이 편안해지는 말을 듣고 싶었기에, 저도 고민하는 부모들에게 그런 이야기를 들려주고 싶었습니다. 그래서 이번 책에는 두 달 동안의 뉴질랜드 여행 이야기와 함께 아이가 커가면서 시행착오로 얻은 깨달음들도 더 공들여 담았습니다.

여행은 지금 이 순간이 가장 행복해지는 시간입니다. 아이에게는 새로운 세상을 만나며 학교나 학원에서보다 더 많이 배우고 성장하는 시간을, 어른에게는 숨 가쁜 걸음을 멈추고 지금의 행복을 되찾는 시간을 선사합니다.

여행이 소중한 이유는 이뿐만이 아닙니다. 여행하면서 만난 세계의 젊은이들은 낯선 곳에서도 어려움을 이겨내며 멋진 여행을 하고 있었습니다. 그들을 보며 여행을 잘하는 사람이라면 어떤 일을 하든지, 어디를 가든지 잘 살 수 있을 거라는 생각이 들었고, 우리 아이들도 저렇게만 자라면 좋겠다는 바람을 가져보았습니다.

여행을 잘하는 사람은, 잘 살아가는 힘을 지닌 사람입니다. 도전과 열정, 호기심과 용기, 소통과 문제 해결력까지, 여행을 통해 살아가는 데 중요한 많은 것들을 배울 수 있으니까요. 인생에 필요한 진짜 공부는 여행에서 배울 수 있다고 믿기에, 여러 고민과 걱정을 딛고서 아이들과 함께 또다시 떠날 용기를 얻습니다.

여행은 꼭 멀리 떠나야만 하는 것은 아닙니다. 가까운 옆 동네라도 좋습니다. 아이와 손잡고 동네 산책만 해도 아이와 함께 웃을 수 있는 멋진 여행이 되니까요.

또 더 넓게 생각해보면, 아이가 태어나서 부모와 함께 자라는 모든 여정이 여행이 아닐까요? 부모와 아이가 같이 행복한 인생의 길을 찾아나가는 데 이 책이 반가운 이정표가 되길 바라며, 쉽지 않은 대한민국의 부모 되기에 우리 함께 힘을 내보면 좋겠습니다.

두고두고 마음에 담고, 밑줄 긋고 싶은 구절이 많은 책, 아이에 대한 욕심이 마음을 무겁게 할 때 펼쳐 보고 싶은 책, 어디론가 훌쩍 떠나고 싶을 때 나만의 여행을 꿈꾸어볼 수 있는 책, 그런 책이 된다면 더없이 기쁘고 감사하겠습니다.

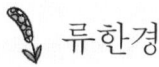 류한경

차례

여는 글 4
프롤로그 넘어지고 다시 일어서는 여행처럼! 8

① 남쪽으로 떠나는 여행

Why 뉴질랜드? 14 · 가족 명함을 소개합니다 19

크라이스트처치와 함께 춤을! 23 · 사진기 없다고 여행 못 하는 거 아니잖아 29

뉴질랜드 돌고래가 부러워 35 · 밀키 블루 호수에서의 줄타기 42

호기심을 부르는 여행의 마술 50 · 빙하야, 더 이상 녹지 마! 54

엄마도 내가 대머리될 때까지 여행해! 63 · 얘들아, 돌반지라도 줄게 70

왜 하필 내 생일이야? 78 · 세상에서 가장 아름다운 자전거길 90

펭귄 보기 참 힘드네! 94

② 현지인처럼 머무는 여행

현지인처럼 살아보고 싶어 104 · 믿는 척하지 말고 믿기 109

대장놀이 덕분에 117 · 친구가 되기 위한 눈물 123

아빠의 깜짝 먹방 127 · 엄마의 비밀 하루 132

다 같이 갈등 풀고 바다로 풍덩! 139 · 신나게 놀아야 창의적이 된다고? 144

겉절이표 김치 외교 150 · 감탄 잘하는 러블리한 엄마 156

남자보다 동물이 먼저라고? 159 · 밤바다와 따뜻한 이별 163

③ 아빠와 북섬 캠핑카 여행

캠핑카가 이렇게 작을 줄이야 170 · 아름다운 색으로 기억되는 곳 176
이렇게 힘든 세배는 처음이야! 183 · 물 반, 고기 반, 고트아일랜드 187
따로 또 같이 더 행복하게 194 · 마오리어로 함께 부른 연가 200
아이의 눈높이로 본다는 것 206 · 새 키위, 과일 키위, 사람 키위 213
마음 부자 윌리엄의 카라반 217 · 아프지 말거라, 그거면 됐다 224

④ 아이와 함께 자라는 여행

중 3도 여행 다니나요? 230 · 아이의 장점을 자랑해보아요 236
본성대로 자란다는 것 241 · 부모의 능력을 다 물려줄 순 없지만 245
이상한 주스도 맛있는 척! 248 · 용기 근육 기르기 252
흔들리지 않는 뿌리, '좋은 습관' 258 · 인생에서 가장 먼 여행 261
길을 잃지 않았으면 몰랐을 것들 264 · 나만의 이야기를 만드는 성장 여행 268
여름에서 봄으로, 다시 시작! 272

에필로그 학부모가 아닌, 부모가 되는 여행 276

프롤로그

넘어지고 다시 일어서는 여행처럼!

"인간의 머리란 식료품 상점과 같은 거예요. 계속 계산합니다. 얼마를 지불했고 얼마를 벌었으니까, 이익은 얼마고 손해는 얼마다. 가진 걸 다 걸어볼 생각은 않고, 꼭 예비금을 걸어두니까 줄을 자를 수 없는 거예요. 아니, 아니야. 더 붙잡아맬 뿐이죠. 그러나 인간이 이 줄을 자르지 않을 바에야 무슨 살맛이 나겠어요? 잘라야 인생을 제대로 보게 되는데."

《그리스인 조르바》에 나오는 이 말은 쪼잔한 가게 주인처럼 살아왔던 나를 뜨끔하게 했다. 이것저것 계산하고 재보면서 나를 묶어둔 줄을 자르지 못하는 까닭은 새로운 도전을 두려워해서다.

인생은 누구나 B Birth로 시작하여 D Death로 끝난다. B와 D사이에 있는 몇 개의 C Chance, 기회 / Choice, 선택 / Challenge, 도전 / Change, 변화 / Courage, 용기로 저마다의 인생은 달라진다고 한다. 여행은 인생을 바꿀 여러 가지 C를 만날 수 있는 참 좋은 기회다. 안정보다는 도전과 모험, 늘 가던 길이 아닌 새로운 길을 개척해볼 수 있으니 말이다.

아이들에겐 거창하고 큰 도전이 아니라도 좋다. 입이 까다로워 편식을 하던 아이가 처음 가본 곳에서 낯선 음식을 큰마음 먹고 먹어보는 것만으로도 뜻 깊은 도전이 될 수 있다. 수줍음을 많이 타는 아이가 누군가에게 길을 물어보는 것도 훌륭한 도전이 될 수 있다. 작은 도전들을 시도하고 또 이루어나갈 때 아이는 점점 더 큰 자신감을 가지게 될 것이다.

우리도 여행을 하면서 크고 작은 도전을 시도해본다. 어느 해에는 오랫동안 꿈꾸었던 제주도 자전거 일주를 하면서 4박 5일 동안 총 250킬로미터를 달렸다. 해안과 내륙을 넘나들며 일주했던 길은 생각보다 가파른 오르막이 많았고, 비바람이 불어 앞을 잘 볼 수 없는 날도 있었다.

자전거 일주의 마지막 날에는 체력도 바닥나고 내 무릎 상태도 안 좋아 도저히 끝까지 갈 자신이 없었다. 고민 끝에 아이들에게 자전거를 중간에 반납하고 차를 타고 가면 어떻겠냐고 물어보았다. 하지만 아이들은 힘들어하면서도 끝까지 가겠다고 했고, 하는 수 없이 나도 힘을 내서 함께 완주를 했다. 도전해서 끝까지 이루었을 때의 기쁨은 그동안 힘들었던 기억을 싹 잊게 해주었다.

하지만 새로운 도전에는 좌절과 실패의 가능성도 함께하기 마련이다. 뉴질랜드 넬슨Nelson에서 지내던 어느 일요일, 야외에서 하는 〈80일간의 세계 일주〉 연극을 보러간 적이 있었다. 연극에 문외한인 내가 봐도 배우들의 연기는 수준급이어서 우리는 그 이야기에 푹 빠져들 수 있었다.

영국 런던에 사는 주인공 필리어스 포그는 매일 같은 시간에 클럽에 가서 항상 같은 자리에서 밥을 먹고, 신문을 보고, 카드놀이를 하고 나서 집으로 돌아오는, 매일 시계추처럼 똑같은 일상을 보낸다. 그랬던 필리어스가 어떤 일이 벌어질지 모르는 세계 일주를 떠난 것은 그야말로 커다란 도전이었다.

은행털이로 오해한 형사의 추격과 방해 작전에 휘말리기도 하고, 산 채로 화장당할 뻔한 여인도 구하고, 원주민들의 기차 습격에 배를 놓치기도 하는 우여곡절 끝에 런던에 도착했지만 그는 모든 것을 다 잃을 위기에 처하게 된다.

하지만 그 과정에서 그는 사랑하는 여인도 만나고, 더 넓은 세상 경험을 할 수 있었다. 결국에는 돈도, 사람도 다 얻게 된다는 해피엔딩은 덤이었다. 여행은 정해진 대로, 계획했던 대로 할 수는 없었지만 뜻밖의 큰 선물들을 선사한 것이다.

만일 실패가 두려워 현실에 안주하기만 한다면 그 인생은 앞으로 나아갈 수도 없고, 아무 변화도 없다. 아이들의 성장도 마찬가지다. 실패를 통해 넘어지고 다시 일어서는 과정에서 더 크게 자랄 수 있고, 세상을 살아갈 자신감도 얻을 수 있으니 말이다.

도전하고 넘어지고, 또 다시 일어서는 여행! 아이들과 그런 여행을 하고 싶다.

✓ 넬슨에서 만난 야외 연극 〈80일간의 세계 일주〉

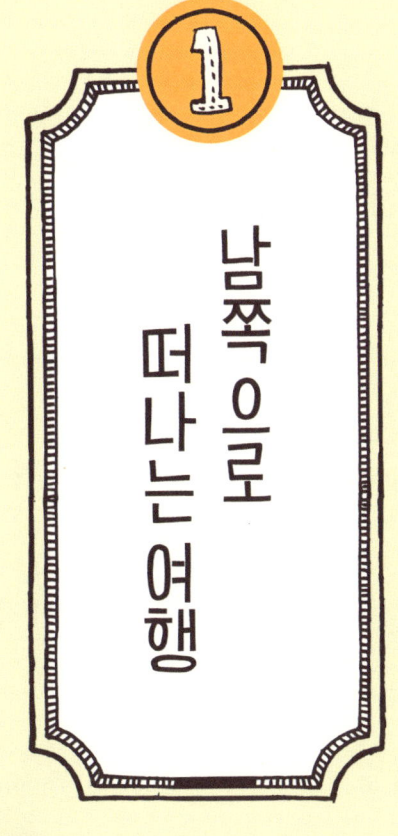

1
남쪽으로 떠나는 여행

Why 뉴질랜드?

떠나라, 낯선 곳으로.
그대 하루하루의 낡은 반복으로부터

1998년, 광화문 글판에 붙어 있던 고은 시인의 시다. 그때 내 일기장에는 이 시로 시작되는 글이 끄적거려져 있다.

내게 회사생활이 낡은 반복일 만큼 오래되지는 않았지만, 마음 한구석에는 낯선 공기를 원하고 있다. IMF 사태 때문에 예상치 못했던 일들이 나에게, 또 이 사회에 대책도 없이 밀려왔다. 이미 정리해고로 많은 사람들이 회사를 떠났지만, 그래도 상황이 나아지지 않아 궁여지책으로 하게 된 무급 휴직. 길다면 길고, 짧다면 짧은 3개월이라는 시간이 내게도 갑자기 주어졌다. 그 이유는 무척 슬프지만, 회사생활을 하면서 온전히 내 뜻대로, 내 마음대로 쓸 수 있는 시간이란 좀처럼 다시 오지 않을 기회가 될 것 같다. 부디 더 새로워진 나를 만날 수 있기를.

18년 전, 우리나라를 뒤흔든 경제 위기로 광고회사 신입사원이던 내게 3개월이라는 시간이 덜컥 생겼다. 나는 농장에서 일을 하면서 여행할 수 있는 뉴질랜드로 향했다. 뉴질랜드는 1993년 칸영화제 수상작인 영화 〈피아노〉를 보면서 알 수 없는 매력에 끌린 나라이기도 했다.

3개월 후, 나는 떠나기 전의 바람처럼 더 새로워져서 돌아올 수 있었다. 뉴질랜드의 대자연은 딱히 무얼 해야 한다는 강요도 하지 않았고, 가만히 있어도 밝고 맑은 기운이 내 몸속으로 들어오는 느낌이었다.

'엄마가 되면 아이들을 데리고 꼭 다시 오고 싶어!'

뉴질랜드를 떠나며 그런 생각을 했었다. 대자연 속에서 뛰노는 미래의 아이들을 떠올리며 말이다. 그리고 여행에서 돌아와 꼭 1년 뒤 대학 선배와 결혼을 했다. 결혼은 내 인생의 또 다른 여행이었고, 연년생으로 아이 둘을 낳아 키우면서 가장 어렵고도 기쁜 여행은 '엄마 되기'라는 걸 알게 되었다.

두 아이가 열 살, 열한 살의 10대가 되면서 예전부터 꿈꾸던 먼 여행을 떠나기 시작했다. 여행 경비는 남들에 비해 거의 지출하지 않는 사교육비를 모아 마련했다. 첫 해에는 유럽의 베네룩스Benelux, 벨기에·네덜란드·룩셈부르크의 총칭, 그다음 해에는 태국을 한 달 동안 여행했다. 여행을 다녀오면 '다음은 어디로 갈까?' 늘 행복한 고민이 이어졌다.

문득, 오래전 뉴질랜드에서 꾸었던 꿈이 떠올랐다. 마침 아이들이 즐겨보는 텔레비전 프로그램에도 뉴질랜드가 나와서 아이들의 관심도 한껏 커져 있었다. 이렇게 나와 아이들은 뉴질랜드를 다음 여행지로 정하고, 준비를 시작했다.

'이왕 멀리 간 김에 최대한 오래 있어 볼까?'

아이들은 겨울방학, 그리고 나는 새로운 일을 준비하기 위해 다니던 직장을 그만둘 예정이라 두 달의 시간을 낼 수 있었다. 남반구에 위치한 뉴질랜드는 우리나라와 계절이 완전히 반대였다. 우리나라의 겨울이 뉴질랜드는 여름, 여행하기 딱 좋은 계절이었다.

그리하여 남섬 South Island 으로 떠나는 여행 3주, 넬슨에서 현지인처럼 머무는 여행 3주, 그리고 아빠와 함께하는 북섬 North Island 여행 2주로 이루어진 두 달간의 뉴질랜드 여행의 큰 그림이 그려졌다.

나에겐 두 번째, 아이들에겐 첫 번째인 뉴질랜드 여행을 떠나면서 바람은 딱 한 가지, 뉴질랜드의 대자연 속에서 아이들이 신나게 뛰어놀았으면 좋겠다는 것이었다.

아이들을 키우면서 중요하게 생각하는 것은 '지성, 감성, 야성' 이 세 가지의 어울림이다. 그런데 요즘 우리 교육은 '공부'만을 외치며, '지성'을 너무 지나치게 강조하고 있다. 촉촉한 '감성'을 느낄 틈도 없고, 씩씩하게 자기 길을 개척해나갈 생명력 넘치는 '야성'은 보기 힘든 현실이 되었다.

사회와 교육 시스템이 어떻게 아이들을 통제하고 생명력을 잃게 하는지에 대해 쓴 《길들여지는 아이들》이라는 책에서는 내면의 야성을 키우기 위해 자연으로 나가라고 권한다. 인간이 본래 가지고 있던 자연과의 일체감이 스스로 살아나가는 데 큰 힘이 된다는 것이다. 뉴질랜드의 자연은 아이들의 야성을 살릴 수 있는 근사한 무대가 될 것 같았다.

뉴질랜드를 두 달간이나 여행한다고 하니 주변의 엄마들은 어학연수라도 가느냐고 물었다. 물론 아이들 영어 실력이 는다면 좋겠지만, 어학연수가 목적은 아니니 영어를 잘하게 되는 건 크게 기대하지 않았다. 아이들이 뉴질랜드의 대자연 속에서 신나게 뛰어놀고, 더 씩씩해져서 돌아온다면 더할 나위 없는 여행이 될 듯했다.

남들은 방학 특강이다 뭐다 하면서 엄청나게 공부를 시킬 텐데, 또 중학교에 올라가 부쩍 어려워진 공부도 해야 할 텐데 이렇게 놀기만 해도 될까? 마음속에서 그런 머뭇거림도 없지 않았다.

하지만 내 안의 또 다른 나는 힘차게 고개를 저었다.

'아니야, 그동안 못 논 거까지 실컷 놀게 해야지. 여행하면서 더 크게 자랄 수 있을 거야!'

나는 짐을 싸며 아이들에게 말했다.

"얘들아, 재미있게 같이 놀자. 엄마도 신나게 놀아볼게!"

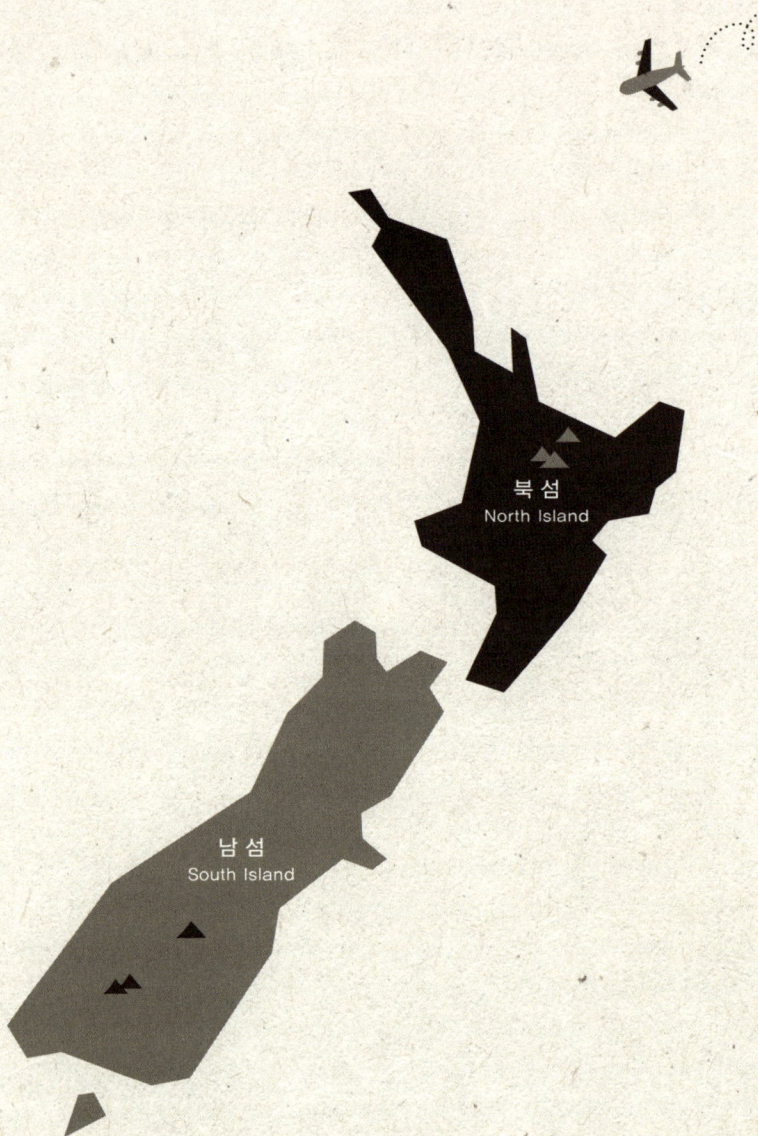

가족 명함을
소개합니다

 두 달 내내 가지고 다닐 뉴질랜드 여행 가방 안에는 예전에는 없던 물건이 들어 있었다. 여행할 때마다 늘 챙기는 옷이나 비상식량, 사진기, 책 말고 조금 다른 준비를 해보고 싶었다. 여행을 앞두고 무엇을 볼 것인지도 열심히 찾아보곤 하지만, 그보다는 어떤 사람들을 새롭게 만날 수 있을지에 대한 기대가 더 크다. 어떤 여행 책에도, 어떤 여행 후기에도 우리를 기다리는 만남에 대해선 나와 있지 않기에 더 궁금하고 설렌다.
 떠날 날이 얼마 남지 않아 여행 준비에 정신없을 때였다. 문득 새로운 사람들을 만났을 때 우리를 소개할 명함이 있으면 좋겠다는 생각이 들었다.
 평소에는 그다지 부지런하지 않지만, 무엇을 해야겠다고 마음먹으면 후다닥 해치우는 성격이라 바로 명함 만들기 시작! 하루 만에 명함 주문을 마쳤다.

명함의 앞면에는 한국에서 왔다는 문구를 적어 넣었다.

We are from Korea

그 아래에는 우리말을 알리기 위해 '안녕하세요'라고 썼다.
"한국의 문자인 한글인데 '안, 녕, 하, 세, 요'라고 읽어요. 영어의 '헬로 Hello'와 같은 뜻이에요. 간단하게 '안녕'이라고만 해도 되고요."

한글이 얼마나 배우기 쉽고 과학적인 글자인지 짧은 영어 실력으로 제대로 설명할 자신이 없지만, 이렇게 직접 글자를 보여주면 열심히 자랑할 수 있을 것 같았다.

그리고 뒷면에는 우리 가족을 소개하는 문구를 넣었다.

We are Ha Ha Family

'하 Ha'는 아이들의 성씨이기도 했고, 또 '하하'는 웃음소리이기도 했다. 말하자면 두 가지 뜻이 담긴 표현이었다.
또한 '하하하하 웃는 가족'은 우리 집 가훈이기도 했다.
마지막으로, 내가 좋아하는 문구도 하나 넣었다.

Life is a journey

'인생은 종착점이 아니라 여정 Life is a journey, not a destination'이라는 말이 마음에 내내 남아 있다. 우리는 인생의 단계마다 도달해야 할 목표를 정해놓고 사는 경우가 많다. 좋은 대학, 좋은 직장, 결혼, 내 집 마련, 그리고 세월이 지나면 더 큰 집과 더 비싼 차를 사는 게 목표가 되곤 한다. 무언가를 성취한 뒤엔 또다시 더 크고 좋은 걸 바란다. 그렇게 끊임없이 새로운 욕망을 좇아가며 사는 동안 우리는 늘 부족함을 느끼고 마음은 행복할 수가 없다.

눈에 보이는 무언가를 얻기 위해 쉴 새 없이 달리기보다는 그 과정 속에서 인생의 순간을 즐기며 살 수는 없을까? 여행처럼 말이다. 여행은 어떤 도시를 가보았는지, 얼마나 사진을 많이 찍었는지가 중요한 게 아니다. 길 위에서 보고, 느끼고, 만나는 모든 찰나들이 소중하고 또 아름답다.

Life is a Journey. 이 말을 가족 명함에도 쓰고, 깊이 새기고 싶은 이유는 언제나 여행하는 것처럼 살고 싶기 때문이다. 아이들과 떠나는 이 길도 어느 곳을 다녀왔다는 여행지 스펙을 쌓는 시간이 아니라, 매 순간을 함께 느끼고 나누는 여행이 되면 좋겠다.

그리고 가족 명함인 만큼 엄마, 아빠뿐 아니라 아이들의 이메일 주소도 함께 넣었다. 여행을 하면서 커가는 아이들을 보면 이제는 어른을 뒤따라 다니는 존재가 아니라, 어깨를 나란히 하고 걷는 동행자처럼 느껴진다. 그렇게 성장한 아이들도 함께한 가족 명함으로 여러 나라의 친구들을 만나면 더 반가울 것 같다. 한국 홍보와 우리

가족의 인생철학까지, 그야말로 여러 의미를 담다보니 손바닥보다 작은 가족 명함이 어쩐지 더 그럴듯해보였다.

떠나기 며칠 전, 가족 명함이 도착했다.

"와, 이걸 언제 다 쓰지?"

명함을 인쇄하는 기본 단위가 200장이라 최소로 주문했는데도 많긴 많았다. 그래도 뉴질랜드 여행뿐 아니라 앞으로 두고두고 쓸 수 있겠다 싶었다. 여행 가방 속에 가족 명함을 두둑하게 넣으니, 마음이 더 두근두근. 어떤 새 친구들을 만날 수 있을까?

크라이스트처치와
함께 춤을!

　1월 1일. 새해가 밝았다. 어제와 똑같은 해인데도 더 특별하게 보이는 이유는 그 해를 바라보는 사람들의 마음이 새롭기 때문이 아닐까. 오랜 준비를 마치고 뉴질랜드로 떠나는 새해 아침, 그해의 첫날은 우리에게 더 특별했다. 그러고 보니 양의 해에 양이 많은 뉴질랜드로 떠나는 여행도 재미있는 우연인 듯했다.

　새해 첫날, 우리가 탄 비행기는 뉴질랜드에서 가장 큰 도시인 북섬의 오클랜드 Auckland로 향했다. 비행기에서 밤을 보내고 다음 날 뉴질랜드 땅을 밟았다. 벅찬 마음을 느낄 새도 없이 입국 수속을 앞두고 마음은 조마조마. 가방에 들어 있는 음식들에 계속 눈길이 갔다. 아토피 피부염이 있는 준이를 위해 여행할 때면 늘 우리 집표 양념과 유기농 먹거리들을 준비하곤 한다.

　음식물 반입이 엄격하기로 소문난 뉴질랜드라 미리 알아보고 가능한 것들만 넣었는데도, 혹시나 걸리는 건 없는지 걱정이 되었다. 소심하고 겁 많은 나는 아이들을 데리고 음식물 검사 대기 줄에서 떨고 있었다. 드디어 우리 차례! 덩치도 크고 깐깐해 보이는 심사원 앞에 우리 가방을 펼쳤다. 통조림이며 비상식량, 된장에 고춧가루와 새우젓까지 각종 양념과 음식들로 한가득한 가방을 조심스레 보여주었다. 가방에 든 음식들을 꼼꼼하게 점검하는 심사원의 날카로운 눈빛이 예사롭지 않았다. 하나하나 무엇인지 물어보기도 했다. 심사원의 눈치를 살피며 조마조마한 마음으로 기다렸다.

"오케이!"

후유! 통과했다는 그 한마디를 듣고 안도의 숨을 내쉬었다.

가방 검사를 마친 뒤 남섬의 크라이스트처치 Christchurch로 가기 위해 국내선 공항으로 바로 이동했다. 비행기에 짐을 다시 실어야 하는데, 이번엔 짐의 무게가 복병이었다. 짐 한 개당 무게 한도는 23킬로그램. 각자 짊어진 배낭에 바퀴 달린 큰 여행 가방 두 개, 기내용 가방 한 개, 여기에 간식거리를 담은 큰 시장 가방까지, 얼핏 봐도 짐이 많긴 많았다. 큰 여행 가방 무게를 재보니 하나는 25킬로그램, 음식들이 들어 있는 여행 가방은 27킬로그램! 비상사태였다.

"얘들아, 빨리 덜어보자!"

시계를 보니 탑승 수속 시간이 얼마 남지 않았다. 부랴부랴 공항 바닥에 가방을 쫙 펼쳐놓고 뺄 것을 골라내기 시작했다. 먼저 무거운 통조림들을 몇 개씩 빼서 등에 메고 있던 배낭으로 옮겼다. 다시 무게를 재보니 아직도 2킬로그램 초과! 살을 빼기 위해 필사적으로 다이어트하는 이들의 심정이 이해가 되는 순간이었다.

"엄마, 이게 더 무거워요."

아이들이 빼자는 건 다 뺐다. 가까스로 23킬로그램을 맞추고 짐을 부쳤다.

그저 국제선 비행기에서 내려 국내선 비행기로 다시 갈아탔을 뿐인데도 벌써부터 힘이 쭉 빠졌다. 여름에 뉴질랜드와 한국의 시차는 네 시간, 뉴질랜드 시계로 오전 10시 반이면 한국에서는 아침 6시 반이다. 아직 잠에서 깨어나지도 않았을 시간인데, 여기서는 너무 많은 산전수전을 겪은 느낌이었다.

국내선 비행기는 워낙 작아 대기가 불안정할 때마다 이리저리 심하게 흔들렸다. 한 시간 남짓 지났을까. 크라이스트처치 땅이 보였다. 그날, 크라이스트처치에 첫발을 내딛은 뒤 우리는 두 달 동안 그 도시를 총 세 번이나 거쳐 갔다. 하지만 환승역처럼 그저 스쳐가기만 한 곳은 아니었다.

2011년 2월, 크라이스트처치에는 큰 지진이 일어나 중심부의 유서 깊은 건물들이 무너지고 200명에 가까운 사람들이 세상을 떠났다. 한국에서 그 소식을 들었을 때, 나는 마음이 철렁했다. 아름다운 크라이스트처치를 만났던 추억이 있었기에 더 안타까움이 컸다.

우리 숙소 바로 앞에 지진으로 무너진 아트센터가 있었다. 17년 전, 나는 지금은 들어갈 수 없는 아트센터 안을 구경했었다. 도예나 목공예 등 여러 공방이 있어 직접 작업하는 모습을 볼 수 있었고, 연극 연습을 하는 사람들과 악기 레슨을 받는 사람들로 실내는 조용하면서도 활기가 넘쳤다.

그랬던 아트센터가 폐허가 되어 있었다. 조금씩 복구 중이긴 하나 아직 손도 못 댄 부분이 많았고, 부서지고 무너진 지진의 상처를 고스란히 보여주고 있었다. 크라이스트처치의 상징인 대성당도 한쪽이 무너진 채 출입금지 바리케이드가 쳐져 있었다. 오래된 옛 건물일수록 피해가 더 컸다.

하지만 크라이스트처치에는 이렇게 무너진 모습만 남아 있는 건 아니었다. 지진의 아픔을 딛고 일어서려는 움직임들도 곳곳에서 움트고 있었다. 우리는 대성당이 복구될 때까지 사용하도록 만들었다는 종이성당으로 발걸음을 옮겼다.

종이튜브로 만든 삼각형 모양의 성당 지붕이 멀리서도 인상적이었다. 이 성당은 일본의 건축가 반 시게루가 지었는데, 이 건축가는 르완다 내전으로 집을 잃은 난민들을 위한 보호소와 중국과 일본의 지진 피해자를 위한 대피소 등 세계 곳곳의 재난·재해 지역에서 종이로 만든 건물을 짓고 있다고 한다. 단지 화려하고 보기에만 좋은 건축이 아니라, 어려운 이들을 돕는 건축의 역할이 무엇인지 보여주는 건물이었다.

무너진 쇼핑몰 대신 알록달록한 컨테이너들을 쌓아서 독특하게 만든 리스타트몰 Re-start mall은 새로 시작한다는 의미처럼 밝고 경쾌해 보였다. 걷다 보니 건물들 사이로 구석구석 숨어 있는 멋진 벽화가 보였다. 크라이스트처치의 예술가들이 폐허가 된 도시에 생기를 불어넣기 위해 그린 그림이었다. 관광안내소에는 벽화가 표시된 지도가 따로 있었다. 그 지도를 보면서 곳곳에 있는 벽화를 찾아다녔는데, 아이들도 재미있어했다. 그렇게 다니다가 어느 공터에서 대여섯 명의 사람들을 만났다. 그들은 음악을 틀어놓고 춤을 추고 있었다.

╱ 지진으로 무너진 크라이스트처치의 상징, 대성당(위)
╱ 공터에서 춤추는 크라이스트처치 사람들(아래)

"헤이! 이리 와서 같이 춤춰요!"

춤을 추던 한 여자가 우리에게 손짓했다.

"너희들도 같이 가서 춤춰볼래?"

나는 아이들에게 권해보았지만 은이도, 준이도 고개를 저었다. 무대 체질과는 한참 거리가 먼 집안이라 어디 가서 노래도 잘 부르지 않는다. 춤은 말할 것도 없었다. 하지만 신나는 리듬에 맞춰 춤추는 이들을 보니, 어깨가 절로 들썩거려졌다. 조용하던 도시도 흥겨워보였다.

'그런데 여기서 왜 춤을 추는 거지?'

썰렁한 공터에서 춤을 추는 게 좀 의아해서 주위를 둘러보았다. 노래가 흘러나오는 스피커 옆에 밝은 색의 포스터가 보였다. 가까이 다가가 읽어보니 지진으로 춤출 수 있는 곳들이 다 무너져버렸기에, 그 자리를 대신해 자기가 원하는 음악을 가져와서 틀고 자유롭게 춤추는 공간을 만들었다는 설명이 적혀 있었다.

그 춤은 시민들이 다시 힘을 내고 도시가 살아나도록 하기 위한 힘찬 몸짓이었던 것이다. 그 뜻을 알고 나니 공터에서 춤추는 이들을 마음으로나마 응원해주고 싶었다. 그 틈에 끼여 춤을 출 주변머리는 못되지만, 춤추는 크라이스트처치 사람들에게 크게 박수를 쳐주었다. 이 도시가 다시 춤출 수 있기를, 지진을 딛고 다시 일어설 수 있기를 바라며!

사진기 없다고
여행 못 하는 거 아니잖아

"내가 미쳤지. 왜 이런 새벽 버스를 예약한 거야."

우리가 타기로 한 카이코우라Kaikoura행 버스 시간은 아침 6시 반, 한국 시간으로 새벽 2시 반이다. 이제 뉴질랜드에 온 지 이틀째로 아직 시차 적응이 전혀 안 된 우리에겐 한밤중이고, 비몽사몽 헤맬 시간이었다.

몇 군데 알아보니 카이코우라로 가는 버스는 자주 있지 않았다. 하루 2번 정도 다녔는데, 출발 시간이 이른 아침 아니면 애매한 늦은 오후였다. 오후에 가면 하루를 이동하는 데만 쓰게 되니 아까웠다. 따져보면 새벽 버스를 예약한 이유는 나름대로 있었다.

전날 밤, 짐을 미리 다 챙겨두고 밤 10시쯤 잠자리에 들었다. 하지만 한국에서는 저녁도 먹기 전인 오후 6시밖에 안 된 시간이라 쉽게 잠이 오질 않았다.

'못 일어나 버스를 놓치면 어쩌지….'

아이들보다 먼저 일어나려고 새벽 5시에 알람을 맞춰놓았는데도 마음이 불안하니 잠이 더 오질 않았다. 그래도 아이들은 얼마 안 있다 잠이 든 것 같은데, 나는 밤새 뒤척거렸다. 깜박 잠들었다가도 다시 깼다. 깨서 시계를 보면 3시, 그리고 또 깨서 보면 4시, 이런 식이었다.

새벽 5시, 알람이 울렸다. 겨우 몸을 일으키기는 했지만 자는 둥 마는 둥 해서인지 온몸이 찌뿌듯했다. 오히려 잠들기 전보다 더 피곤했다. 나는 몽롱한 정신으로 주섬주섬 옷을 입고 대충 씻은 다음, 공동 부엌에 가서 밥을 했다. 그리고 아이들을 깨웠다. 아직 바깥은 깜깜했고, 옆방 사람들은 다 자고 있을 때였다.

"얘들아, 일어나. 버스 타러 가야지!"

아이들도 일어나야 한다는 건 알고 있었지만, 눈을 잘 뜨지 못했다. 힘들어하는 걸 보니 안쓰러웠지만 어쩔 수 없었다.

"빨리, 빨리! 옷 입고 밥 먹자!"

밥 먹고 부랴부랴 체크아웃을 하니 아침 6시가 조금 넘었다. 숙소에서 버스 정류장까지는 걸어서 5분 정도 거리. 아이들과 나는 큰 여행 가방과 배낭을 하나씩 끌고, 메고 길을 나섰다. 먹거리들로 가득한 짐은 무게가 거의 줄지 않아서 무거웠고, 바닥은 울퉁불퉁한 돌길이라 가방을 끌 때마다 덜컹덜컹 소리가 났다. 오래된 가방의 낡은 바퀴가 날아가지 않을까 걱정도 들었다.

버스 타는 장소는 '롤스톤 에버뉴', 그런데 가서 보니 큰 길 전체가 롤스톤 에버뉴였다. 버스 표지판도 보이지 않고, 난감했다. 일단 우리는 롤스톤 에버뉴와 다른 길이 만나는 길목에 서 있기로 했다. 버스가 보이면 바로 달려갈 채비를 하고 말이다. 여름이긴 하나 이른 아침 공기가 제법 쌀쌀해 큰 가방 하나를 열고 목도리를 찾았다. 그런데 그 가방에 들어 있어야 할 사진기 하나가 안 보였다. 갑자기 머릿속이 하얘졌다.

오랫동안 쓰던 사진기가 가끔씩 말썽을 부려서, 뉴질랜드 여행을 준비하면서 새로 산 사진기였다. 어렵게 찾아 산 중고 사진기로, 전에 쓰던 것보다 기능도 더 좋고 값도 더 비쌌다.

"얘들아, 까만 사진기 못 봤니?"

아이들은 고개를 저었다. 전날 분명히 숙소 앞에서 사진을 찍은 뒤 가방에 잘 넣어두었는데, 어찌 된 일일까. 길에 쭈그리고 앉아 가방 속의 옷가지들을 뒤적이며 정신없이 찾았다.

"엄마, 저 버스 아니야?"

아이들은 한참 떨어진 곳에 멈춰선 버스를 가리켰다. 우리가 타야 할 버스가 맞는 것 같았다. 파헤치던 짐을 다시 쑤셔 넣고 가방을 닫았다. 그러고는 헐레벌떡 버스가 멈춰선 곳으로 달려갔다.

머리가 하얀 운전사 아저씨는 승객 명단에서 우리 이름을 확인하더니, 큰 가방 세 개를 번쩍 들어 버스 아래 짐칸에 순식간에 넣어 버렸다. 아무리 속이 타도 내릴 때까지는 사진기를 찾아볼 수 없는 상황이 된 것이다. 정신없이 버스에 올라타 빈자리를 찾았다. 은이와 내가 같이 앉고, 준이는 혼자 앉겠다며 따로 자리를 잡았다.

버스가 출발했다. 창밖으로 뉴질랜드의 풍경이 하나둘 펼쳐지기 시작했다. 걱정하던 새벽 버스도 무사히 탔건만 마음은 편하지 않았다. 멋진 풍경도 내 눈에는 하나도 들어오질 않았다.

'자, 진정하고 차근차근 생각해보자. 어제 사진기를 마지막으로 본 게 언제였지?'

아무 생각도 나질 않았다. 그 사진기에 대한 기억이 완전히 지워져 있었다. 도대체 어디에 있는 걸까? 혹시 숙소 방에 두고 왔는지, 전화를 걸어보기로 했다. 막상 영어로 설명하려니 부담스러웠다. 하지만 그런 걸 따질 때가 아니었다. 서툰 영어였는데도 숙소 직원은 상황 파악을 했는지, 찾아보고 바로 전화를 주겠다고 했다. 잠시 뒤 전화가 왔는데, 아무리 찾아도 없다고 했다. 혹시나 했는데 힘이 쭉 빠졌다.

"아, 어떡하지…."

울상을 짓고 있는 나를 보더니 은이가 말했다.

"엄마, 걱정 마. 사진기 없다고 우리가 여행을 못 하는 것도 아니잖아요."

사진기만 생각하면 한숨부터 나왔지만, 은이의 말이 틀린 건 아니었다. 저런 긍정 마인드는 어디서 나오는 걸까. 평소에도 은이는 뭐든지 참 긍정적이다. 같은 말도 긍정적인 사람에게는 "Dream is now here 여기에 꿈이 있다"이 되고, 부정적인 사람에게는 "Dream is nowhere 꿈은 어디에도 없다"이 된다고 했던가. 그 차이를 나와 은이에게서 발견할 수 있었다.

여전히 마음 한구석엔 사라진 사진기가 자리 잡고 있었지만, 신기하게도 은이의 말 한마디에 창밖 풍경이 눈에 들어오고 잠도 살살 오기 시작했다. 어느새 은이와 준이는 의자에 거의 눕다시피 한

자세로 쓰러져 잠들어 있었다. 새벽 일찍 일어나는 게 힘들었을 텐데, 불평 없이 잘 따라와준 아이들이 다시 보였다. 참 대견하고 고맙다는 생각도 들었다.

지금은 좀 나아졌지만, 나는 많이 덜렁거리는 편이라 우산이며 지갑 등을 수없이 잃어버리며 살아왔다. 심지어는 대학교 졸업식 날 입기 위해 학교에서 빌린 졸업 가운도 지하철에 두고 내려서 다시 구했던 기억도 있다. 우리는 눈에 보이는 걸 잃어버렸을 때에는 아무리 작은 것이라도 속상해하고, 그걸 찾기 위해 온 정신을 다 쏟는다. 그런데 눈에 보이지 않는 것들은 얼마나 많이 잃어버렸는지도 모른 채 그냥 살아간다.

그날 나는 사진기 때문에 안절부절못해 새벽부터 일어나 애쓴 나를 다독이는 여유와, 힘들었을 아이들을 예쁘게 보는 마음을 잃어버렸다. 또 뉴질랜드에서 처음 보는 길 위의 풍경도 놓칠 뻔했다. 눈에는 보이지 않지만 더없이 소중한 것들이 내게 얼마나 많은지 모른다. 그렇게 생각하면 사진기쯤이야 있어도 되고, 없어도 된다고 스스로를 다독이며 속상한 마음을 지우려 애썼다.

세 시간쯤 지나 버스는 우리를 카이코우라에 내려주었다. 숙소인 유스호스텔 바로 앞에 펼쳐진 바다도 푸르렀고, 몸에 닿는 바닷바람도 시원했다. 사진기 때문에 어둡게 드리워졌던 마음속 먹구름은 어느새 걷혀 있었다. 야호, 카이코우라다!

"얘들아, 여기선 뭐하고 놀까?"

새벽에 힘들게 일어나 사진기 소동까지 겪으며 속상했던 시간들은 모두 날려버렸다. 설레는 마음으로 아이들도, 나도 환하게 웃었다.

뒷이야기

카이코우라 숙소에 도착했을 때에는 이른 아침이라 체크인 시간이 한참 남아서 라운지에 짐을 놓고 기다려야 했다. 그곳엔 다양한 보드게임이 있었는데, 신이 난 아이들은 피곤함도 잊고 보드게임에 열중했다. 나는 혹시나 하고 다시 가방을 열었다. 급하게 버스를 타러 가지 않아도 되니, 훨씬 차분한 마음으로 차근차근 가방 속을 찾아볼 수 있었다.

늘 사진기를 두었던 가방 말고 다른 여행 가방도 열어보았다. 그 가방에는 지퍼 달린 속주머니가 있었다. 뭔가가 만져졌다. 지퍼를 열자 까만 게 눈에 띄었다.

"얘들아, 찾았다! 찾았어!"

그날은 최고로 행복한 날이었다. 잃어버린 줄 알았던 사진기도 찾고, 눈에 보이지 않는 소중한 것들도 다시 찾은 날이니까 말이다.

뉴질랜드 돌고래가
부러워

뉴질랜드에는 원주민들이 쓰는 마오리어로 된 지명이 참 많다. 그 말의 뜻을 알면 그곳이 어떤 곳인지 감을 잡을 수 있다는 점도 참 재밌다. 카이코우라의 '카이 Kai'는 '먹는다'는 뜻이고, '코우라 Koura'는 '크레이 피시_{작은 바닷가재}'라는 뜻이다. 카이코우라의 뜻을 우리말로 풀이하면 '바닷가재를 먹는 곳'이다.

아닌 게 아니라 카이코우라의 앞바다에는 먹이가 풍부해 바닷가재와 고래류가 많이 산다고 한다. 작은 마을이지만 관광객들이 끊이지 않는 이유를 알 것 같았다. 카이코우라에서 볼 수 있는 여러 동물들이 큰 몫을 했던 것이다.

카이코우라에는 고래 투어나 카약 체험 등 다채로운 프로그램이 있었지만, 되도록이면 있는 그대로의 자연을 즐기자는 주의라 일단 돈 들이지 않고 할 수 있는 일들을 찾아보았다. 그러던 중 숙소에서 만난 사람으로부터 근처에 있는 물개 서식지에 갔었다는 이야기를 들었다.

"거기에 물개가 많나요?"

"아뇨, 한 마리도 못 봤어요."

한 마리도 못 봤다니, 정말 물개 서식지가 맞나? 미심쩍어 숙소 직원에게 다시 물어보니 많이 보는 날도 있고, 못 보는 날도 있단다. 하긴 우리에 가둬놓고 보여주는 동물원이 아니니 운에 맡길 수밖에 없을 듯했다. 직원 말로는 태풍이 불어 파도가 거센 날에는 숙소 문 바로 앞까지 물개들이 피신해온단다. 문 앞에 물개들이 떼 지어 모여 있는 모습을 볼 수 있다면 정말 재밌을 것 같은데, 태풍은커녕 하늘은 맑고 햇볕은 쨍쨍하기만 했다.

카이코우라에서의 첫날, 부엌에서 갓 지은 밥과 한국에서 고이고이 싸온 김치를 꺼내 점심을 먹었다. 김치만으로도 그야말로 꿀맛, 밥도둑이 따로 없었다. 역시 여행은 작은 것에도 행복하고 감사할 줄 알게 한다.

"자, 이제 물개 보러 가는 거야."

잃어버린 줄 알았다가 다시 찾은 사진기를 손에 꼭 쥐고 길을 나섰다. 빨리 갈 수 있는 길은 차가 다니는 도로라 재미가 없었다. 시간은 오래 걸리지만 더 볼거리가 많은 해변으로 들어갔다. 우리는 바닷새들도 보고, 모래에 손그림을 그려보기도 하면서 쉬엄쉬엄 걸었다.

바닷가재를 파는 노점상도 있었다. 아이스박스에 담겨 있는 냉동된 바닷가재를 고르면 즉석에서 요리해주는 곳이었다. 한 사람이 먹어도 모자랄 만한 작은 바닷가재도 30달러 이상, 약간 더 크면 40~50달러가 넘었다. 카이코우라에 왔으니 바닷가재도 한 번 먹어야 하는데, 노점상 가격도 만만치 않았다. 해물이라면 자다가도 벌떡 일어나는 준이는 아쉬워했지만, 빠듯한 지갑을 생각하며 더 싸게 먹을 수 있는 방법을 나중에 찾아보기로 했다. 40~50분쯤 걸린다고 들었는데, 그렇게 구경하며 가다 보니 어언 한 시간 반이 지나서야 물개 서식지에 도착했다. 넓적한 바위들이 많은 바닷가였다.

"저기, 물개다!"

아이들이 외치는 소리에 고개를 돌려보니 정말 물개 한 마리가 바위 위에 축 늘어져 자고 있었다. 옆에서 사람들이 떠들고 있는데도 물개는 꿈쩍도 안 하고 낮잠 삼매경이었다. 물개가 움직이질 않고 잠만 자고 있으니 계속 보고 있기가 지루했나 보다. 아이들은 다른 물개도 찾아보자고 하면서 내 손을 잡아끌었다. 하지만 요지부동 잠만 자는 그 물개 말고는 한 마리도 보이질 않았다.

'물개 서식지라는데, 다 어디로 간 거야?'

우리는 고개를 갸우뚱하면서 조금 더 위쪽으로 올라가보았다. 평평한 바위들이 넓게 펼쳐진 바닷가였다. 역시나 물개는 없었다. 우리는 바닷물에 발도 담가보고 넓적한 바위 위에 눕기도 하면서 잘 쉬고 놀았다. 그곳에 온 다른 사람들도 물개 구경 대신 나름대로의 방법으로 바다를 즐기고 있었다. 그렇게 한두 시간을 보내고 그만 돌아가야겠다고 생각하던 참이었다.

"저기 물개다!"

준이가 가리키는 쪽을 보니 바다 한가운데 솟은 바위 위에 물개

한 마리가 앉아 있었다. 이번 물개는 고개를 두리번거리며 앉아 있었다. 멀어서 아주 작게 보였다.

"그래도 본 게 어디야?"

우리는 두 마리로도 만족했다. 못 본 사람들도 있으니 말이다. 갇혀 있는 동물원도 아니고, 쇼를 하는 물개도 아닌 자연 속에서 살아가는 물개를 본 것만으로도 좋았다.

물개를 본 그날 밤, 나는 고민에 빠졌다. 바다에서 카이코우라의 돌고래를 꼭 보고 싶은데, 아무래도 배를 타지 않으면 보기 힘든 상황이었다. 문제는 돈. 한두 시간 배를 타는 것뿐인데도 어른은 90달러, 아이들은 반값이지만 두 명이니 90달러. 합하면 180달러 우리 돈으로 15만 원쯤를 내야 했다. 빠듯한 장기 배낭 여행자에겐 적지 않은 돈이었다. 돌고래가 있는 곳을 찾아 배만 타는 건데 왜 이리 비싼지, 선뜻 결정하기가 어려웠다. 아이들에게 슬쩍 물어보았다.

"너희들, 돌고래 보고 싶니?"

"응, 보면 좋지!"

아이들 눈빛에 설렘이 가득했다. 돌고래 보려면 돈이 많이 든다고 했던 말을 기억하는지, 막 조르지는 않았지만 아이들도 무척 보고 싶었던 것이다. 밤까지 결정을 못 하고 고민하다가 그냥 잠이 들었다. 그날 밤은 돌고래 꿈을 꾸었던 것 같다.

다음 날 아침, 잠에서 깨자마자 마음을 정했다. 돈이 부담스럽기는 하지만, 카이코우라까지 와서 안 보고 가면 두고두고 아쉬울 듯했다. 돌고래 투어를 예약하기 위해 바로 전화를 걸었다. 이미 오전 예약은 다 찼고 오후 배가 남아 있다고 했다. 오후 배를 예약하고,

아이들을 깨웠다.

"얘들아, 돌고래 보러 가자!"

아이들은 '돌고래'라는 말에 눈을 번쩍 떴다. 정말 돌고래 보러 가는 거냐고 하면서 아이들은 좋아했다. 돌고래를 몇 마리나 볼 수 있을까? 정말 볼 수는 있는 걸까? 나는 들뜬 아이들을 보면서 내심 걱정이 되기도 했다. 이른 점심을 해먹고, 두근거리는 마음으로 배를 타러갔다.

우리가 탄 배는 바다를 가로질러 30분쯤 달렸다. 얼굴에 와 닿는 바닷바람이 상쾌했다. 그러다가 갑자기 배가 멈췄다. 여기저기서 감탄이 터져 나왔다. 돌고래였다! 점프를 해서 힘껏 뛰어오른 다음 다시 바다로 다이빙하는 돌고래들도 있었고, 배 쪽으로 다가오는 돌고래들도 있었다.

"와, 돌고래들이 우리를 따라오네. 진짜 많다!"

아이들도 싱글벙글 신이 났다. 배에서 나오는 안내 방송을 들어보니 그 돌고래들은 더스키Dusky 종으로 남반구, 특히 뉴질랜드에 많이 사는 돌고래라고 했다. 멈추지 않고 점프와 다이빙을 계속하는 돌고래들은 귀여운 장난꾸러기들이었다. 배 주변을 돌며 물속으로 숨었다 나타났다 하면서 우리에게 인사를 하는 듯했다.

멈춰 있던 배가 다시 출발하면 주변에 있던 돌고래들이 배 아래로 헤엄쳐왔다. 돌고래들은 배도, 사람도 무서워하지 않았다. 마치 경주라도 벌이듯 배가 달리는 속도로 같이 따라왔다. 가까이 다가와서 빙빙 도는 돌고래들을 보니 같이 놀자고 하는 것 같기도 했다. 그렇게 우리는 귀여운 돌고래들과 함께 즐거운 시간을 보냈다.

↗ 바다를 자유롭게 누비는 뉴질랜드의 돌고래

뉴질랜드 돌고래들을 보니 불법으로 잡힌 우리나라 돌고래들이 문득 생각났다. 제주도 앞바다에 사는 남방큰돌고래는 멸종 위기 종으로, 현재 겨우 100여 마리만 남아 있다고 한다. 보호해도 모자랄 귀한 돌고래들을 잡아서 가두고 돌고래 쇼를 시키는데, 그중에 절반은 갑작스러운 환경 변화를 이기지 못해 죽고, 나머지도 스트레스로 심각한 우울증을 앓는다고 한다.

이런 돌고래들을 다시 자연으로 되돌려 보내기 위한 환경단체들의 노력으로 서울대공원에 있던 제돌이는 다시 제주 바다로 돌아갔다. 다행하게도 야생 적응훈련을 거쳐 고향의 품에 안긴 제돌이는 제주 바다에서 다른 돌고래 친구들과 함께 잘 지내고 있다고 한다. 제돌이는 그나마 운이 좋은 돌고래다. 아직 갇혀 있는 돌고래들도 많다고 하니 말이다.

바다를 자유롭게 누비는 뉴질랜드의 돌고래가 부러웠다. 있는 그대로의 자연 속에서 동물도, 사람도 더 행복해진다는 걸 새삼 느낀 그날은 비싼 뱃삯도 아깝지 않은 날이었다.

밀키 블루 호수에서의
줄타기

"여기가 정말 호수야? 아무리 봐도 바다 같아."

호수의 끝이 보이질 않았다. 바람이 불고 파도까지 너울너울 출렁거렸다. 해발 700미터가 넘는 산정 호수, 서울 강남구 두 배 크기라는 테카포 호수Lake Tekapo를 바라보며 바다를 떠올렸다.

우리는 우선 크기에 놀랐고, 다음으로는 그 빛깔에 눈을 뗄 수 없었다. 바라볼수록 그 색이 참 오묘하고 아름다웠다. 호수에서 멀리 떨어질수록 빛깔은 더 선명하게 눈에 들어왔다. 이런 색을 뭐라고 해야 할까?

어렸을 때 12색이나 24색 크레파스를 쓰면서 36색 크레파스를 가진 아이들을 부러워하곤 했다. 내가 가지지 못한 더 예쁜 색들이 많아 보였기 때문이다. 그런데 36색 크레파스에도 없는 색을 발견할 때가 있다. 테카포 호수도 그랬다. 테카포 호수 색을 '밀키 블루'

라고도 하던데, 파란 물에 우유를 아주 살짝 한 방울 떨어뜨리면 이런 색이 나올까?

빙하가 녹은 물이 이처럼 푸른색을 만들어냈다는 과학적 설명은 있지만, 나는 아무 이유 없이 그 빛깔에 빠져들었다. 손을 담그고 있으면 손도 파랗게 물들 것 같았다. 테카포 호수의 색은 하루에도 몇 번씩 변하고, 날씨에 따라서도 변한다고 한다. 그날은 구름 한 점 없이 맑은 날이라 가장 아름다운 색을 보여준 때가 아니었을까?

하지만 아이들이 열광했던 건 엄마가 흠뻑 빠진 테카포의 물빛 말고 다른 데 있었다.

"와~ 엄마! 저게 뭐야?"

호수에서 눈을 떼지 못하던 나는 아이들이 소리 지르며 가리킨 곳을 보았다. 호수를 향해 난 집라인 Zip Line, 줄에 매달려 미끄러져 내려가는 놀이기구이었다. 길이도 꽤 길었고, 사람이 매달리면 와이어에 달린 도르래를 타고 미끄러지면서 속도감을 즐길 수 있도록 되어 있었다.

"타도 돼요?"

돈을 내야 하는 건 아닌지 주위를 둘러보았으나 매표소도, 사람도 없었다. 이런 곳에 집라인이 있다니, 참 뜬금없다 싶으면서도 눈을 반짝이는 아이들을 보니 나까지 슬슬 신이 났다. 준이가 먼저 올라탔다.

"꺄아악!"

준이는 환호성을 지르며 호수 쪽을 향해 바람처럼 타고 내려갔다. 다음은 은이 차례.

"꺄아악!"

은이의 환호성도 준이 못지않았다.

"그렇게 재미있니?"

내 물음에 아이들은 이구동성으로 엄마도 타보라고 줄을 내밀었다.

올라타자마자 줄이 점점 가속도를 내면서 빨라졌다. 나 역시 은이, 준이 같은 환호성이 절로 나왔다. 줄을 타고 호수로 빠져 들어가는 느낌도 들었다.

원래는 슈퍼마켓에 가서 먹을거리를 사다놓고, 세상에서 가장 작다는 호숫가의 교회에 가볼 생각이었다.

"우와, 이거 진짜 재밌다! 계속 타요!"

그래, 실컷 놀아보자! 슈퍼마켓은 나중에 가면 되고, 교회는 다음 날 가면 되는 거야. 그렇게 뜻밖에 만난 줄타기로 첫째 날이 지나고, 둘째 날이 되었다.

아, 그런데 날씨가 심상치 않다. 하늘에 먹구름이 가득했다. 늦은 아침을 해먹고 나니 눈물을 잔뜩 머금었던 하늘에서 뚝뚝 굵은 빗방울이 떨어졌다. 테카포에서 보낼 시간은 그날 말고는 더 이상 없었다.

'줄타기를 조금만 하고 다른 걸 했어야 하는데….'

잠시 후회도 밀려왔지만, 정작 아이들은 비 때문에 또 줄타기를 못 하는 걸 제일 아쉬워하고 있었다. 아이들은 좋아하는 게 생기면 해도 해도 또 하고 싶어 하고, 쉽게 질리는 법이 없다. 어디에 가면 이것도 봐야 하고, 저것도 해야 하고, 한껏 욕심을 내는 어른들과는 다르다. 좋아하는 것 딱 한 가지만 해도 만족할 수 있는 아이들이 부럽기도 했다.

비오는 날, 누구도 비를 원망하는 표정은 없었고 유스호스텔의 풍경은 한없이 여유로웠다. 각자 실내에서 할 수 있는 일들을 찾아 즐기고 있었다. 몇몇은 텔레비전 앞에 모여 앉아 영화를 보았다. 뉴질랜드를 대표하는 영화, 〈반지의 제왕〉이었다. 아카데미 사상 최다 부문 수상 기록에 현대 판타지 영화사를 다시 썼다고 평가받는 영화인만큼 〈반지의 제왕〉은 봐줘야 하는 영화였다. 하지만 나는 한 편도 끝까지 제대로 보질 못했다. 판타지 장르를 썩 좋아하지 않는 내 좁은 영화 취향 때문이었다. 그런데 그날은 자막도 없어 내용은 잘 알아듣지 못했지만, 그 영화를 한참 같이 보았다. 뉴질랜드에 와 있으니, 〈반지의 제왕〉에 나오는 배경이 더 공감이 된 걸까?

이참에 밀린 여행 일기를 쓰기로 했다. 창가 옆 커다란 책상에 자리를 잡고 앉으니 비오는 호수 풍경이 한눈에 들어왔다. 전날 본 호수 빛깔과는 전혀 다른 색이었다. 하늘과 비, 호수가 다 어우러져 하나가 된 것 같았다. 한국에서 가져간 봉지커피 한 잔을 타 마시면서 그 풍경을 보고 있으니 비 오는 날도 나쁘지만은 않았다.

프랑스에서 혼자 여행 왔다는 한 아가씨는 색색의 고무줄로 팔찌를 만들고 있었다. 은이는 그 모습을 한참 동안 신기하게 쳐다보았다. 은이의 관심을 알아챘는지, 프랑스 아가씨는 은이에게도 만드는 법을 가르쳐주고 알록달록한 고무줄 한 봉지까지 주었다. 은이는 그 이후로 고무줄 뜨기에 꽂혀 한국에 돌아온 후에도 재료를 사서 팔찌도 만들고, 열쇠고리도 만들었다. 은이는 프랑스 언니로부터 고무줄 뜨기뿐 아니라, 우연히 만난 사람들과도 따뜻한 마음을 나누고 좋은 관계를 맺는 법을 배웠으리라. 두런두런 이야기를 나누는 사람들, 책을 읽는 사람들, 영화를 보는 사람들, 그 여행자들과 함께 우리도 비 오는 날을 조용히 즐겼다.

늦은 오후가 되자 다시 또 반전. 뉴질랜드의 날씨는 정말 변화무쌍했다. 먹구름이 걷히고 다시 해님이 고개를 쏙 내밀었다. 아이들은 비가 그치자마자 얼른 뛰어나가 줄타기를 했다.

이곳에 처음 정착해서 이 지역을 개척했던 사람을 기리기 위해 지었다는 '선한 양치기 교회 Church of the Good Shepherd'도 드디어 가보았다. 세계에서 가장 사진이 많이 찍히는 교회라고 하던데, 정말 호수를 배경으로 서 있는 모습이 한 폭의 그림 같았다.

우리는 운 좋게 일주일에 딱 한 번만 열리는 미사에도 참석해볼 수 있었다. 일요일 저녁 7시면 이 교회는 관광객들이 아닌, 현지 주민들이 모여 기도를 하는 공간이 된다. 우리도 뒤쪽에 자리를 잡고 앉았다. 이삼십 자리 정도 될까 말까한 작은 교회가 가득 찼다. 미사나 설교 내용은 거의 알아들을 수 없었지만, 속세를 벗어난 평온한 분위기와 유리창 너머로 보이는 아름다운 호수가 오래오래 기억에 남는 풍경이 되었다.

테카포 호수에서 보내는 마지막 밤, 아이들을 눕히고 방의 커튼을 닫다가 테카포 호수가 눈에 들어왔다. 호수가 보름달의 노란 빛으로 반짝거리고 있었다. 도저히 그냥 잘 수가 없었다.

"얘들아, 잠깐만 나가볼까?"

달빛으로 가득한 호수를 보고 있자니 어디선가에서 베토벤의 〈월광 소나타〉가 울려 퍼지는 듯했다.

테카포 호수는 주로 마운트 쿡 Mount Cook으로 가다가 잠깐 거쳐

가는 곳으로, 차가 있는 사람들은 잠시 머물렀다 그냥 가는 경우가 많다. 우리는 차가 없는 덕분에 이틀 밤이나 지낼 수 있어 운이 좋았다. 밀키 블루의 고운 빛깔부터 하늘에서 내리는 비와 하나가 된 호수 빛깔, 보름달을 가득 품은 호수 빛깔까지 테카포 호수는 우리에게 여러 모습을 보여주었다.

내게 그중 어떤 모습이 가장 좋았냐고 묻는 것은 아이에게 '엄마가 좋아? 아빠가 좋아?' 하고 묻는 것처럼 곤란한 질문일 수 있다. 하지만 은이, 준이는 주저 없이 바로 대답할지도 모른다. 테카포 호수에서 가장 기억에 남는 건 '호수의 줄타기'였다고 말이다.

"우와, 줄타기 진짜 재밌다. 계속 타요!"

호기심을 부르는
여행의 마술

여행은 아이들의 호기심을 불러일으키는 마술을 부리는 것 같다. 재미있는 것들을 더 크게 볼 수 있는 눈, 새로운 소리를 더 크게 들을 수 있는 귀, 신나는 것에 더 빨리 달려가게 하는 발을 가지게 하니 말이다. 여행을 하다보면 어른 눈에는 그냥 지나쳐 보이는 사소한 것들도 아이들은 신기하게 본다.

여행을 할 때, 아이들의 눈을 반짝이게 하는 건 유명한 관광 명소뿐만이 아니다. 생김새나 머리 색깔이 다른 사람들, 처음 보는 나무와 꽃들, 그리고 낯선 음식들, 이 모두가 아이들의 눈길을 끌었다. 심지어 아이들은 슈퍼마켓에 진열된 처음 보는 과자들을 보고도 신기해했다.

아이들이 어렸을 때에는 '왜?'라는 질문을 끊임없이 해대서 부모들은 대답해주기 바빴다. 하지만 요즘 아이들은 커가면서 질문은 점점 사라지고, 뭘 봐도 무덤덤해한다. 왜일까?

전에는 심리 상담실에 비행·일탈 청소년들이 많이 찾아왔는데, 요즘은 무기력한 아이들이 많이 찾아온다고 한다. 무엇에든 흥미도, 관심도 없고 뭘 해도 시큰둥하고 열정이 없다는 것이다. 엄마들은 아이들이 공부든 뭐든 매사에 의욕이 없다고 하면서, 도대체 어떻게 해야 열심히 할 동기가 생길지 모르겠다면서 고민을 한다.

호기심과 열정! 아직 한창 자라고 새로운 것을 배워나가야 할 아이들에게 너무나 잘 어울리는 말인데도 왜 이렇게 멀어진 걸까? 정신분석학자들은 어릴 적 아이에게 충분한 자율을 허용하지 않았던 데에서 무기력의 원인을 찾는다고 한다. 아이가 스스로 하고 싶은 걸 찾기도 전에 부모가 먼저 이것저것 너무 많이 시키니, 아이들은 쉽게 지치고 결국은 스스로 하고 싶은 일이 없어진 게 아닐까? 목이 말라야 스스로 물도 찾고 달게 마실 텐데, 요즘 교육은 아이들이 목마름을 느낄 새도 없이 미리 물을 철철 넘치게 부어주는 것 같다.

중학교 2학년이 된 딸이 어느 날, 학교에서 돌아와 EBS 영문법 강좌를 찾아보며 말했다.

"과거분사가 뭐예요?"

교과서에 과거분사가 나왔는데, 자기만 빼고 다 알더라는 것이다. 딸은 영어 학원을 다니지 않으니 문법은 학교에서 배우는 대로만 따라가고 있었지만, 아이들은 이미 학원에서 다 배워온 것이다. 문법 교재도 필요할 것 같아 주문해주니, 딸이 좋아하면서 열심히 공부해야겠다고 말했다.

이때 나는 딸의 눈이 반짝이는 걸 보았다. 영문법이 어렵기만 한데 선생님은 아이들이 다 안다고 생각하고 금방 넘어가버리니 과거 분사가 뭔지 궁금하고, 더 공부해보고 싶은 마음이 든 것이다. 다른 아이들은 이미 다 아는 걸 모르고 있다니, 혹 우리 아이만 뒤처지는 건 아닐까 하는 불안도 없지 않았다. 하지만 이렇게 호기심이 발동해 공부해야지 더 재미있게 배울 수 있지 않을까, 생각하며 스스로 궁금한 걸 찾아나가는 아이를 응원해주었다.

여행도 마찬가지다. 부모가 일방적으로 아이들을 데리고 다니며 보여주고 다 알려주기보다는 아이들이 스스로 보고 싶은 것을 찾아가게 하면 호기심에 더 눈빛이 반짝거린다. 그래서 나는 여행 준비 단계부터 아이들과 함께하려 애쓴다. 비행기 표를 사고, 숙소를 예약하는 일들은 어른들이 해야겠지만 아이들에게도 할 수 있는 역할이 있다. 여행할 장소에 대해 알아보게 하는 것이다. 여행 책도 많고 인터넷을 검색해보면 여행 후기도 많이 올라와 있으니, 아이들도 흥미 있게 찾아볼 수 있다. 그렇게 조사를 하면서 더 궁금한 것도 생기고, 직접 가서 보고 싶은 호기심도 생긴다. 뉴질랜드 여행을 준비하면서도 뉴질랜드에 대한 다큐멘터리 방송을 찾아보았는데, 방송에서 보았던 장소를 직접 가서 보았을 때 아이들은 더 반가워하면서 눈빛을 빛내곤 했다.

또 여행을 다녀오면 궁금한 것이 생기고, 더 알아보고 싶은 호기심이 생기기도 한다. 가게 간판도, 식당의 메뉴판도 온통 한자로 쓰여 있는 타이완으로 여행을 간 적이 있었다. 타이완에 다녀온 후 아이는 전에는 통 관심이 없던 한자에 대해 호기심을 가지고 공부를 해보겠다고 했다. 이렇듯 아이들의 호기심과 동기 유발에 여행은 커다란 힘을 발휘하곤 한다.

궁금한 것을 스스로 찾아나가는 '호기심'과 새로운 것에 가슴이 뛸 수 있는 '열정'은 인생을 살아갈 최고의 에너지다. 호기심과 열정이 있다면, 언제 어디서든 자신만의 길을 더 씩씩하게 개척해나갈 수 있으리라.

모든 것이 시큰둥하고 무덤덤해지는 아이들과 함께 먼 곳이든, 가까운 곳이든 훌쩍 여행을 떠나보면 어떨까. 여행은 마술처럼 아이들의 눈을 호기심으로 반짝이게 한다.

아이들의 호기심을 부르는 마술, 여행

빙하야,
더 이상 녹지 마!

　일 년 내내 만년설이 쌓여 있는 마운트 쿡은 뉴질랜드에서 가장 높은 산이다.
　'마운트 쿡'이라는 산 이름을 처음 들었을 때, 쿡Cook이라는 이름이 재미있었다. 영어로 'Cook'은 요리사라는 뜻. 그래서인지 마운트 쿡 산꼭대기 위에 얹힌 흰 뭉게구름이 하얀 요리사 모자처럼 보이기도 한다.
　아오라키 마운트 쿡 국립공원에는 3,000미터가 넘는 산들이 27개나 된다고 한다. 아오라키Aoraki는 '구름을 뚫는다'는 마오리말로, 봉우리들이 어찌나 높고 뾰족한지 마치 구름을 찌르고 있는 것 같기도 하다. 그럼, 산봉우리가 구름을 쿡쿡 찌르고 있어서 마운트 쿡? 하지만 이름의 유래를 알고 나면 이런저런 유치한 상상력은 금방 날아가 버린다. 뉴질랜드를 탐험했던 영국 사람 제임스 쿡 선장의 이름을 땄다고 하니 말이다.

아침 일찍, 하루에 딱 한 대 다니는 버스를 타고 테카포 호수에서 출발했다. 마운트 쿡에 도착하니 오전 10시 반. 전날까지도 계속 비가 왔다는데 그날은 날씨가 참 좋았다. 햇빛 가득한 마운트 쿡이 우리를 빨리 나오라고 부르는 것 같았다. 3박 4일을 묵을 예정이었기에 첫날은 가볍게 왕복 두세 시간 정도 걸린다는 '후커 밸리 트랙 Hooker Valley Track'을 걷기로 했다.

"와, 저기 좀 봐!"

아이들은 눈앞에 펼쳐진 눈 덮인 산을 보며 감탄했다. 하늘로 우뚝 솟은 모습에서 위엄이 느껴진다고 할까? 다른 곳에서 보던 완만한 산들과는 확실히 분위기가 달랐다. 일 년에 300일은 흐리거나 눈, 비가 와서 볼 수 없다는 마운트 쿡의 정상도 멀리 보였다. 아이들도, 나도 가슴이 두근두근했다.

우리가 묵었던 유스호스텔에서 트래킹 출발지인 산 입구까지 가는 데만도 한 시간이 걸렸다. 맞바람이 불어서 앞으로 나아가는 게 쉽지 않았다. 산 입구에서 조금 올라가니 마운트 쿡을 등반하다가 세상을 떠난 사람들을 기리는 추모탑이 있었다. 무엇이 이들을 목숨을 걸면서까지 이 산에 오게 했을까?

얼마쯤 지났을까, 아이들의 표정에서 힘든 기색이 느껴졌다. 벌써부터 발걸음이 무거워진 아이들을 보니 예정 시간보다 두세 배는 더 걸릴 것 같은 예감이 들었다. 나는 또 열심히 머리를 굴렸다.

"얘들아, 우리 노래 이어 부르기 할까?"

아이들이 좋아하는 끝말잇기는 너무 많이 해서 새로운 놀이를 제안해보았다. 하지만 사실은 나도 끝까지 아는 노래가 별로 없었다. 음악시간에 아무리 노래를 열심히 불러도 최하 점수를 면치 못했던 나다. 나의 2세들은 나보다 낫기를 간절히 바랐지만, 안타깝게도 준이는 엄마의 노래 실력을 고스란히 물려받은 듯했다.

우리는 돌아가며 새로운 노래를 생각해내서 앞부분 한두 소절씩 부르기로 했는데, 자꾸 준이 차례에서 막혔다. 급기야 준이는 그나마 학교에서 열심히 외웠던 〈애국가〉를 1절부터 4절까지 부르기 시작했다. 그러고 나니 노래 곡목이 또 바닥이 나버렸다. 우리의 트래킹은 아직도 갈 길이 멀었다.

"우리 새로운 노래 하나 배워볼까?"

'노래 이어가기'를 '새 노래 배우기'로 급변경했다. 뉴질랜드에 오기 전, 〈연가〉가 뉴질랜드 민요라는 걸 알았다. 내가 부를 수 있는 몇 안 되는 노래 중 하나였다. 그래, 〈연가〉를 배워보는 거야.

"자, 한 소절씩 따라 해봐! 비바람이 치던 바다, 잔잔해져 오면~."

내가 먼저 부르고, 아이들이 그걸 따라 불렀다. 은이는 알고 있는 노래여서 잘 불렀다.

"비바람이 치던 바다, 잔잔해져 오면~."

준이의 음정이 잘 안 맞았지만, 그래도 오케이! 한 소절 부르고 다음 소절로 넘어갔다. 산에서 부르는 바다 노래라니! 배경은 전혀 맞지 않았지만, 그래도 열심히 불렀다.

"그대 언제 오시려나, 저 바다 건너서~."

원래는 아주 슬픈 이별 노래지만, 가사 내용과는 상관없이 마치 행진곡처럼 우리 발걸음은 조금씩 씩씩해졌다. 어느새 큰 출렁다리

하나가 나왔다.

"와, 다리다!"

준이는 다리를 보면서 빨리 건너자고 했지만, 겁 많은 은이는 무서울 것 같다며 살짝 울상을 지었다. 다리 아래로는 말소리가 안 들릴 정도로 물줄기가 세차게 흘렀다. 후커 밸리 빙하 호수와 뮬러 빙하 호수에서 내려오는 물이 합쳐져서 흐르고 있었다. 빙하에서 나온 계곡물이 곰탕 국물처럼 뽀얬다.

그때, 떠오르는 장면 하나가 있었다. 조선시대의 실학자 박지원이 쓴《열하일기》의 한 대목 '일야구도하기—夜九渡河記'에서 우렁찬 강물 소리를 실감나게 묘사한 부분이었다.

강물은 두 산 사이에서 흘러나와 돌과 부딪쳐 싸우는 듯 뒤틀린다. 그 놀란 파도, 노한 물줄기, 구슬픈 듯 굼실거리는 물 갈래와 굽이쳐 돌며 부르짖으며 고함치고 원망하는 듯한 여울은, 노상 장성長城을 뒤흔들어 쳐부술 기세가 있다. 전차戰車 만 승乘과 전기戰騎 만 대隊나 전포戰砲 만 가架와 전고戰鼓 만 좌座로써는 그 무너뜨리고 내뿜는 소리를 족히 형용할 수 없을 것이다.

오래전에 읽었는데도 어찌나 실감이 났던지, 머릿속에 강렬하게 남아 있는 대목이다. 마운트 쿡 빙하 계곡의 세찬 물소리는 그 글의 느낌을 생생하게 떠올리게 했다. 소리에 압도당하고 신기한 물 색깔에도 눈을 뗄 수가 없었다.

첫 번째 다리 근처에서 봤던 안내글에는 이렇게 써져 있었다.

／큰 출렁다리 아래로 빙하 호수에서 내려온 물줄기가 세차게 흐른다.

쉿! 들어봐요! 바위와 산들이 산 위에서 굴러 내려오는 소리들이 들리나요? 물이 쏟아져 내리는 소리도? 그것은 바로 변화의 소리예요. 빙하들이 녹아내리며 산들이 물과 얼음에 부서져 내리는 변화의 소리.
Shh! Listen! Can you hear the rocks and snow tumbling down from the mountain above? The rushing of water? It is the sound of change of glaciers retreating and mountains being torn down by water and ice.

우리가 들은 세찬 물소리는 빙하들이 녹아내리며 산이 깎이고 변화하는 소리였던 것이다. 마치 산이 살아 있는 것처럼 느껴졌다.

굽이진 길을 하나씩 돌아갈 때마다 마운트 쿡 정상이 점점 더 가까이 보였다. 나는 사진기의 셔터를 연신 눌러댔다. 그 느낌을 그대로, 아니 반의반도 담을 수 없을 거라는 걸 알면서도 조금이라도 내 눈에, 내 마음 속에 붙잡고 싶었다.

산 안쪽으로 들어갈수록 바람은 점점 세게 불어서 우리는 자주 멈춰야 했다. 거의 평지였지만 맞바람을 거슬러가야 해서 오르막길을 걷는 것처럼 힘이 들었다. 마침 한국 청년 둘이 내려오고 있어서 얼마나 더 가야 하는지 물어보았다.

"얼마나 더 가야 할까요?"

"한 30분 정도요? 마지막에 큰 호수가 나올 건데, 후회하지 않으실 거예요."

청년들의 이야기를 듣더니, 아이들은 다시 힘을 냈다.

"우리도 끝까지 가봐요."

세 번째 다리를 지났을 때에는 벌써 5시가 가까워져 있었다.

"얘들아, 우리가 너무 많이 놀았나 봐. 이제 좀 서둘러 가보자."

늦은 시간이어서인지 내려오는 사람들만 간간히 있고, 우리처럼 올라가는 사람들은 잘 보이질 않았다. 부지런히 가다 보니 큰 고개가 나왔고, 그 너머에 드디어 후커 빙하 호수가 보였다.

우리가 다리를 건너면서 보았던 빙하 물빛과도 비슷했는데, 햇빛을 받아 은회색으로 더 반짝거렸다. 곳곳에 빙하에서 떨어져 나온 작은 얼음 조각도 떠다녔다.

빙하 전문가들의 연구에 따르면, 뉴질랜드 남섬에 있는 서던 알프스 지역의 빙하가 지난 40년 동안 3분의 1이 녹아 없어졌다고 한다. 그리고 몇 십 년 동안 폭스 빙하, 후커 빙하, 태즈먼 빙하 등 마운트 쿡 주변의 얼음층도 많이 얇아졌고 녹는 속도도 갈수록 더 빨라지고 있다고 한다. 지구 온난화가 뉴질랜드의 빙하도 녹이고 있었다.

먼 훗날, 이곳에 다시 온다면 이 빙하들을 또 볼 수 있을까? 돌아갈 길이 바쁘지만, 이 모습을 남기고 싶다는 생각에 사진을 더 공들여 찍었다. 그리고 마운트 쿡과 함께한 아이들 모습도 열심히 사진에 담았다. 그때, 등 뒤에서 갑자기 한국말이 들렸다.

"너무 애들만 챙기지 말아요."

우리가 갔을 때에는 외국사람 두서넛만 있었기에, 그 소리에 깜짝 놀랐다. 뒤돌아보니, 화사한 연둣빛 옷을 입은 한 중년 여성이 우리를 보면서 환하게 웃고 있었다. 혼자 여행을 온 듯했다.

"애들만 너무 챙기지 말고, 엄마도 예쁜 모습을 남겨야지요."

그러면서 아이들과 함께 있는 모습을 찍어주겠다고 했다.

"아, 한국 분이세요? 저는 안 찍어도 되는데…."

쑥스럽기도 했지만, 그분의 호의를 거절할 순 없었다.

"세상에서 가장 행복한 웃음을 지어보세요. 이런 날, 얼마나 좋아요!"

조금 전까지 힘들다고 투덜거리던 아이들도, 돌아갈 생각에 마음이 바빴던 나도 잠시 동안 모든 걸 내려놓고 환하게 웃었다.

사진을 찍고 나서 우리는 아쉬운 발걸음을 돌렸다. 그분은 조금만 더 있다 가겠다고 했다. 마침 같은 유스호스텔에 묵고 있다고 하니 숙소에서 다시 볼 수도 있겠다 싶었다.

우리는 오는 길에 배웠던 〈연가〉를 부르면서 숙소로 돌아갔다. 여러 번 반복하니 준이도 꽤 잘 부르게 되었다. 자신 있게 부를 수 있는 노래 한 곡 추가! 뉴질랜드 민요 〈연가〉는 마운트 쿡에서 얻은 또 하나의 수확이었다.

숙소에 도착하니 9시가 가까운 시간이었다. 밥할 기운은 없었지만 배가 고팠다. 간신히 저녁을 해먹고 혹시나 해서 숙소 이곳저곳을 찾아보았지만 그분은 보이질 않았다.

'어디서 오신 분일까? 어디 계신 걸까?'

마음에 내내 남았다. 사진기를 꺼내 아까 찍었던 사진을 보았다. 오랜만에 아이들과 함께한 사진이었다. 그분의 말처럼 우리는 정말 행복하게 웃고 있었다. 그동안은 사진 속에 나는 없고 아이들만 있었다. 누구보고 찍어달라고 할 생각도 없었고, 어쩌다 사진을 찍어도 나이 들어가는 모습이 자꾸 보여 점점 내 사진은 안 찍게 되었다. 하지만 먼 훗날 돌아보면 그때가 가장 젊은 순간이었고, 가장 좋은 순간이었다고 할지도 모른다.

아이들만 바라보지 말고, 지금 이 순간의 나도 있는 그대로 사랑하라. 그런 말을 해주기 위해 하늘에서 내려온 선녀가 아닐까? 문득 그런 생각이 들었다. 사진 속에서 우리 뒤에 찬란하게 빛나던 마운트 쿡에게도 속삭여본다.

'언제까지나 하얀 위엄 그대로 간직하고 남아 있기를. 빙하야, 더 이상 녹지 마.'

"세상에서 가장 행복한 웃음을 지어보세요!"

엄마도 내가 대머리될 때까지 여행해!

"아, 또 비야?"

마운트 쿡에서 지낸 지 3일째, 비가 그칠 거라는 일기예보와는 달리 비는 점점 더 많이 왔다. 첫째 날, 눈부신 정상을 보여주었던 마운트 쿡은 다음 날부터 계속 빗속에 가려져 있었다. 둘째 날은 비가 오는 것도 나쁘지 않았다. 아이들은 밀린 일기를 쓰며 시간을 보냈고, 나는 사진들을 정리했다. 전날 밤까지 트래킹을 하느라 고단했던 다리도 쉴 겸 숙소에서 여유로움을 즐겼다.

하지만 셋째 날 아침, 하늘을 보고는 울상을 지었다. 비는 여전히 그치지 않았고, 설상가상 바람까지 많이 불었다. 마운트 쿡의 까다로운 날씨에 대해 익히 들었지만, 첫날만 햇빛을 보고 이틀 연속 비가 오니 우울하기만 했다.

"엄마, 오늘도 못 나가는 거야?"

숙소에만 있는 것도 지겨웠는지 아이들도 나가고 싶어 했다.

"비가 그친다고 했으니까 조금만 더 기다려보자."

나는 오전이 다 지나갈 때까지도 일기예보를 믿으며 실낱같은 희망을 놓지 않았다. 그러다가 점심때가 되었다. 슈퍼마켓도 제대로 없는 곳이라 싸들고 갔던 쌀이며 먹을거리들을 탈탈 털어서 밥을 해먹었다. 이젠 뭐하지? 밥을 먹고 나니 또 막막했다. 도시였다면 빗속에서라도 거리 구경을 나갔을 텐데, 산에서는 비가 오니 속수무책이었다.

그래도 이틀 동안 꼬박 숙소에만 머물 수는 없었다. 어디로 갈지 대책은 없지만, 아이들에게 일단 나가보자고 했다. 바람이 불어서 우산보다는 우비가 나을 것 같았다. 우비를 차려입은 아이들은 비 맞는 것도 좋은지 신이 났다. 여차하면 뮤지컬 영화 〈사랑은 비를 타고〉처럼 빗속에서 노래도 부르고 춤도 출 분위기였다.

뉴질랜드에서는 여행안내센터를 '아이 사이트i-Site'라고 부른다. 우리는 어디를 가든지 먼저 꼭 '아이i' 자를 찾아서 지도도 얻고 가볼 만한 곳을 물어보곤 했다. 마운트 쿡에서는 지도를 얻느라 첫날 잠깐 들르기만 했는데, 그곳에 작은 박물관이 있다는 사실이 퍼뜩 떠올랐다.

20분쯤 걸어 안내센터에 도착했다. 흠뻑 젖은 우비를 벗고 박물관 구경을 시작했다. 마운트 쿡에 올랐던 사람들의 이야기와 빙하가 변하는 모습 등 여러 가지 흥미로운 전시가 많았다. 야외에 나가니 마운트 쿡의 뮬러헛Mueller Hut에 있는 산장을 실제 크기와 똑같이 만들어놓은 것이 보였다. 우리는 그곳에 들어가서 잠깐 비를 피했다. 낡고 허름한 산장이지만 험한 산 위에서는 이보다 더 포근한 공간은 없으리라.

다시 건물로 들어와 아래층으로 내려가니 휴게 공간이 있었다. 우리처럼 비를 피해 들어온 사람들이 많았다. 남미에서 온 듯한 젊은이들은 모여 앉아 카드놀이를 하는 중이었고, 사이좋게 나란히 앉은 커플은 인터넷으로 뭔가를 검색하고 있었다.

은이와 준이는 그곳에서 뉴질랜드의 새들이 그려진 퍼즐을 발견했다. 아이들은 '누가 빨리 맞추나' 내기까지 하면서 좋아했다. 훨씬 더 어린 아이들이나 할 만한 쉬운 퍼즐이었는데도 중학생 딸까지 의외로 재미있어했다. 여행할 때 아이들은 다 큰 청소년 같기도 하고 아직 어린아이 같기도 한, 두 얼굴을 보여주곤 한다. 도대체 어떤 모습이 진짜인지 아리송하다.

그때, 5시에 문을 닫는다는 안내 방송이 들려왔다. 우리는 마운트 쿡 사진이 담긴 엽서를 몇 장 산 다음 다시 우비를 챙겨 입고 밖으로 나왔다. 아직도 비는 주룩주룩, 이대로 그냥 숙소로 돌아가기는 아쉬웠다. 다행히 가까이에 짧은 산책길이 있었다.

우리는 작은 동산 같은 숲에 난 길을 따라 둥글게 한 바퀴를 돌았다. 산책길 곳곳에 마운트 쿡에서 볼 수 있는 새 그림이 그려진 안내판이 있었고, 그 안내판의 버튼을 누르면 정말 새가 우는 것처럼 숲속 가득 새소리가 촉촉하게 울려 퍼졌다. 그렇게 우중산책을 즐기다보니 한 바퀴 도는 데 20분이면 충분하다는 그곳에서 우리는 거의 한 시간 가까이나 있었다. 비 오는 숲길은 걷기는 불편했지만 분위기는 더 좋았다. 아무도 없는 숲속에 아이들의 웃음소리가 작은 새소리처럼 까르르까르르 굴러갔다.

숙소에 돌아와 젖은 옷을 갈아입었다. 우비를 입었는데도 옷이 눅눅하고, 신발도 다 젖어 축축했다. 비록 몸은 젖었지만, 마음은 나가기 전보다 훨씬 더 보송보송했다. 안 나갔으면 어쩔 뻔했을까. 비 오면 비 오는 대로, 날씨가 좋으면 좋은 대로 즐기는 것. 그게 바로 여행인데 말이다.

다음 날 아침, 창문으로 햇빛 한 줄기가 살포시 들어왔다. 언제 비가 왔냐는 듯이 하늘도 맑았다.

"아!"

탄성과 한숨이 함께 나왔다. 드디어 해가 나왔는데, 이 좋은 날씨를 두고 떠나기가 싫었다. 어떤 사람은 마운트 쿡에서 일주일을 보냈는데, 그 사이에 한 번도 맑은 하늘을 보지 못했다고 한다. 우리는 하루라도 날씨가 좋았던 걸 감사해야 할까. 쉽게 마음을 내주지 않는 사람을 더 짝사랑하듯, 어쩌면 이 산도 내게 그랬는지 모르겠다.

아이들과 아침을 먹고 떠날 채비를 했다. 그리고 시간 맞춰 온 버스에 올랐다. 다음 행선지는 퀸스타운 Queenstown. 아쉬움이 남아 발걸음이 잘 떨어지질 않았다. 점점 멀어져가는 마운트 쿡을 보면서 은이에게 말했다.

"너는 좋겠다. 앞으로 살 날이 많으니 또 올 수 있잖아."

그때 은이가 한 대답은 잊을 수가 없다.

"엄마도 내가 대머리될 때까지 여행할 수 있어. 전에 만났던 일흔 살 덴마크 할머니도 아들이 대머리라는데, 아직도 여행 잘하시잖아."

"하하, 네가 대머리될 때까지?"

나는 은이의 말이 너무 웃겨서 한참을 웃었다. 웃으면서도 한편으로는 마음이 일렁거렸다.

'그렇구나, 은이 말처럼 아직 내게도 시간이 많구나.'

언제 다시 마운트 쿡에 올 수 있을까? 그때는 다시 햇빛을 볼 수 있을까? 영영 다시 오기 힘든 곳이 아니라 다음에 또 올 수도 있다고 생각하니, 아쉬운 마음이 위로가 되었다.

'그래, 네가 대머리될 때까지 엄마도 여행할게. 다시 꿈꾸게 해줘서 고마워.'

애들아,
돌반지라도 줄게

 세계적인 휴양 도시, 레포츠의 천국. 와카티푸 호수Lake Wakatipu에 자리 잡은 도시 퀸스타운을 수식하는 말들이다. 뉴질랜드에서 가장 좋았던 곳으로 퀸스타운을 꼽는 이들이 많다. 하지만 나에겐 그다지 끌리는 도시가 아니었다.

 살고 있는 주민보다 관광객들이 더 많은 곳, 살아 있는 삶이 느껴지기보다 기념품 가게와 여행사가 더 많은 곳, 숙박비와 물가가 비싼 곳, 17년 전 그곳을 찾았던 나에게 퀸스타운은 이렇게 기억되는 곳이었다. 하지만 퀸스타운은 남섬 교통의 중심지로 우리가 계획 중이던 '오타고 센트럴 레일 트레일The Otago Central Rail Trail' 자전거 여행의 베이스캠프가 되는 곳이기에 거쳐 가지 않을 수 없었다.

 퀸스타운은 별다른 기대가 없었기에 무얼 해야겠다는 계획도 없었다. 하지만 아무것도 안 하고 지낼 수는 없었다. 첫날 도착해서 아이들과 함께 관광안내소에도 가보고, 묵었던 유스호스텔 직원에게 물어보기도 하면서 뚝딱뚝딱 즉석 일정을 짰다.

제트보트, 스카이다이빙, 번지점프, 래프팅, 골프, 곤돌라, 겨울에는 스키까지 퀸스타운에서는 무엇을 하든 돈 들이지 않고 할 수 있는 일은 별로 없었다. 그나마 돈을 적게 들이면서도 재미있게 할 수 있는 걸 찾다가 100년 전부터 다녔다는 퀸스타운의 증기선도 타보고, 오후에는 사금 채취로 유명했던 마을인 애로우타운 Arrowtown 에 가보기로 했다.

퀸스타운에서의 둘째 날, 우리는 아침을 챙겨먹고 숙소에서 도보로 5분 거리인 와카티푸 호수로 가서 증기선을 탔다. 'TSS 언슬로 TSS-Earnslow'라는 이름의 증기선은 1912년에 만들어져 100년이 넘게 와카티푸 호수를 달리고 있다고 한다. 처음에는 주민들의 교통수단으로 양과 가축들을 싣고 다니기도 했다는데, 지금은 관광용 유람선으로 남아 있었다. 갑판 아래쪽으로 증기기관이 김을 뿜으며 움직이는 게 신기했다. 증기선으로 호수를 한 바퀴 돌고 퀸스타운으로 돌아오니 오후 1시가 넘은 시간이었다.

"자, 이제 애로우타운으로 가볼까?"

애로우타운은 퀸스타운에서 차로 가면 20분이면 도착하는데, 우리처럼 차가 없는 사람에겐 가는 길이 좀 복잡했다. 애로우타운까지 한 번에 가는 버스도 있었지만, 하루에 몇 번 안 다녀서 시간이 맞지 않았다. 물어물어 버스를 갈아타고 애로우타운에 도착하니 시계바늘이 3시를 가리키고 있었다.

한눈에 보기에도 작고 한적한 마을이었다. 19세기 말 오스트레일

✓ 'TSS 언슬로'라는 이름의 증기선은 무려 100년이 넘게 와카티푸 호수를 달리고 있다.

리아와 뉴질랜드의 골드러시가 한창이던 시절, 금을 캐기 위해 몰려든 사람들이 정착하면서 애로우타운이 만들어졌다고 한다. 느긋하게 돌아보아도 한두 시간이면 충분한 작은 마을인데, 아이들은 6시 반이 되어 퀸스타운으로 돌아가는 마지막 버스에 오르면서도 떠남을 아쉬워했다. 바로 금 때문이었다.

여행안내센터에 가보니 사금을 채취할 때 쓰는 넓적한 접시와 작은 삽을 빌려주고 있었다. 아이들은 직접 금을 찾아보고 싶어 했다. 빌리는 값 5달러에 보증금 10달러. 다 쓰고 반납하면 10달러는 돌려준다고 했다. 금을 캐면 담으라고 작은 병까지 팔고 있었다. 아무래도 미심쩍었다. 직원에게 정말 금을 찾은 사람도 있는지 슬쩍 물어보았다.

"아주 가끔요. 행운을 빌어요!"

그 직원은 알 수 없는 미소를 지었다.

"엄마, 금 담을 병도 사갈까요?"

아이들의 눈은 금처럼 반짝였고, 금을 캘 수 있을 거라는 꿈에 부풀어 있었다.

"음…, 금을 찾으면 병은 그때 사자."

쉽지 않으리라는 예감이 들었지만, 아이들의 기대를 미리 꺾고 싶지는 않았다. 접시와 삽을 반납할 시간은 여행안내센터가 문을 닫는 오후 5시까지였다.

"얼른 가서 금 찾아야지!"

아이들의 발걸음이 빨라졌다. 마을 주변을 흐르는 애로우 강은 아주 얕았다. 물이 발목까지밖에 안 와서 자전거를 타고 강을 달리는 사람들도 보였다. 아이들은 강가에 도착하자마자 쪼그리고 앉아 모래를 파기 시작했다. 강물 바닥은 검은 모래가 많이 섞여 있어서 금처럼 반짝이는 게 있다면 잘 보일 것도 같았다.

'접시로 모래와 물을 함께 뜬 다음, 금이 아래에 남을 때까지 접시를 둥글게 돌려준다.'

안내센터에서 받아온 종이에는 사금 채취법이 그렇게 간단하게 써져 있었다. 아이들은 이곳저곳을 돌아다니면서 강의 모래를 뜬 다음 접시를 돌리면서 바닥을 샅샅이 뒤졌다. 아이들은 반짝이는 게 보이면 나한테 쪼르르 달려와서 보여주었다.

"엄마, 이거 혹시 금 아니에요?"

솔깃한 마음에 가만히 들여다보면, 그건 그냥 작고 얇은 돌 조각이었다. 이상하게 그 강에는 반짝거리는 돌 조각이 많아서 헷갈리게 했다.

"아, 금은 왜 안 나오는 거야?"

아이들은 실망하면서도 또 강가로 나갔다. 특히 준이는 금을 꼭 찾고야 말겠다는 의지가 강렬했다. 금을 찾아서 자신이 찜해놓았던 무선조종 자동차를 반드시 사고야 말겠다는 것이다.

어쨌든 덕분에 나는 혼자만의 시간을 즐기며 보온병에 담아간 차를 마셨다. 아이들은 출출할 시간인데도 먹을 걸 찾지도 않았다. 애로우 강을 보니 '달빛이나 햇빛에 비치어 반짝이는 잔물결'이라는 뜻의 '윤슬'이라는 예쁜 우리말이 문득 생각났다. 애로우 강에 반짝이는 윤슬이 참 아름다웠다. 거기에 금 조각이 반짝인다면 더 좋겠지만 말이다. 어느덧 시계바늘은 5시에 가까워져 있었다.

"엄마도 놀지만 말고, 같이 와서 찾아봐요!"

마음이 급해진 아이들은 나에게도 도움을 청했다.

"에구, 금이 그렇게 쉽게 보이니? 그럼, 다들 부자가 됐지."

나는 그렇게 말하면서도 먼지만한 금가루라도 찾으면 좋겠다 싶었다. 안 그러면 못 떠날 분위기였다. 나도 신발을 벗고, 바지를 걷은 채 강에 들어갔다. 아이들과 함께 강 여기저기를 돌아다니면서 모래를 파보았다. 역시나 금은 보이질 않았고, 도구를 반납해야 할 시간도 얼마 남지 않았다.

"애들아, 안 되겠다. 빨리 돌려줘야겠어. 문 닫을 시간이야."

심지어 아이들은 보증금 10달러는 포기하고, 접시와 삽을 갖고 계속 찾아보자고 했다. 금 캐는 걸 이렇게 열심히 할 줄이야. 평소에는 잘 보기 힘든 아이들의 끈기와 도전 정신이 여행 중에는 수시로 튀어나와 나를 곤란하게 했다.

나는 아이들의 마음을 돌릴 방법을 생각하다가 아이들의 돌반지가 퍼뜩 떠올랐다. 가족끼리 조촐하게 보낸 터라 아이들이 돌 때 선물받은 반지는 두어 개뿐이지만, 어쨌든 우리 집에도 금이 있었던 것이다. 나름 귀중품이라고 눈에 띄지 않게 꽁꽁 숨겨두고 있었으니, 아이들은 그 금반지를 제대로 본 적이 없었다.

"애들아, 집에 가서 금 찾아줄게. 너희가 돌 때 받은 금반지가 있어!"

아이들은 눈이 휘둥그레졌다.

"금이라고요? 정말요?"

아이들의 표정이 갑자기 환해졌다.

"어른 되면 주려고 잘 보관하고 있었지. 그러니까 그만 가자, 응?"

아이들은 그제야 강에서 나와 벗어놓았던 신발을 신었다. 곧 여행안내센터가 문 닫을 시간이라 나는 먼저 접시와 삽을 들고 달려갔다. 아슬아슬했지만, 보증금 10달러를 돌려받을 수 있었다. 후유!

6시 반에 출발하는 마지막 버스를 타기까지 남은 한 시간 동안 금 캐는 노동자로 이민 왔던 중국인들이 살았던 곳을 구경했다. '정말 사람이 살았을까' 싶을 정도로 작은 집이었다. 실내에는 창문도 제대로 없어서 동굴처럼 어두컴컴했다.

안내문을 보니 중국인 노동자들은 혹사당하면서 제대로 대우도 받지 못해 아주 비참하게 살았다고 한다. 애로우타운은 한창 금이 많이 나올 때에는 뉴질랜드에서 내로라하는 화려한 마을이었지만, 그 속에는 외국인 노동자들의 슬픈 역사도 있었던 것이다. 아이들도 중국 사람들이 살았던 마을을 둘러 보면서 금 캐는 일이 쉽지 않았다는 것을 알 수 있었으리라.

퀸스타운으로 돌아가는 버스 안, 금반지 꿈이라도 꾸는 걸까? 아이들은 쿨쿨 단잠에 빠졌다. '얘들아, 비록 금은 못 찾았지만 우리는 금처럼 빛나는 하루를 보낸 거야!'

아이들이 금 찾는 걸 이렇게 열심히 할 줄이야!

왜 하필
내 생일이야?

"엄마, 좀 이상하지 않아? 계속 아스팔트길이잖아요."

은이가 자전거를 멈추더니 말했다. 우리는 젖 먹던 힘을 다해 페달을 밟아 오르막길을 오르고 있었다. 그것도 땡볕에 후끈후끈 뜨겁게 달구어진 아스팔트길을 말이다.

"그냥 가! 여기밖에 길이 없잖아."

짜증 섞인 준이의 목소리였다. 힘이 빠질 대로 다 빠진 표정이었다. 하지만 은이 말에는 일리가 있었다. 우리는 기차가 다니던 옛길을 자전거길로 바꾸었다는 '오타고 센트럴 레일 트레일'을 따라가는 중 아니었던가. 아무래도 이 길은 아니다 싶었다. 자전거를 빌렸던 가게로 전화를 해보았다. 그냥 가다가는 더 난감한 일이 생길 수도 있을 것 같았다.

"오우~ 노!"

내가 더듬거리며 말한 상황을 그 직원은 금방 알아챘다. 차도가 나올 리 없으며, 우리가 길을 잘못 들었다는 것이다. 우리가 있는 곳에서 오타고 센트럴 레일 트레일을 다시 찾기는 어려우니, 잠시 쉬어갔던 로더Lauder로 다시 돌아가라고 했다. 그곳에서 아스팔트길로 5킬로미터나 더 갔을 때였다.

우리는 벌겋게 익은 얼굴을 하고 다시 페달을 밟아 되돌아갔다. 로더로 돌아가니 그 옆으로 빠지는 길에 레일 트레일 표지판이 보였다. 땡볕에 왕복 10킬로미터나 헛고생을 한 셈이었다.

"도대체 뭘 한 거야?"

우리는 모두 진이 빠져서 그늘을 찾아 털썩 주저앉았다. 자전거를 내팽개친 채 말이다.

그날 우리는 새벽같이 퀸스타운을 떠나 클라이드Clyde에 도착했다. 그곳에서 큰 짐들을 맡기고 2박 3일 동안 탈 자전거를 빌렸다. 그리고 출발 지점인 오마카우Omakau에서 7킬로미터를 달려 점심때쯤 로더에 도착했다. 여기까지는 좋았다.

우리는 자전거 여행자들의 쉼터인 한 카페에서 음료수도 사 마시고, 가지고 간 물병에 물도 가득 채워서 상쾌한 기분으로 오후 하이킹 길에 올랐다. 그런데 왕복 10킬로미터를 뜨거운 아스팔트길에서 헤매다가 다시 돌아오니, 충전했던 힘은 다 빠져나가고 햇볕은 더 이글거렸다. 하지만 그렇게 주저앉아 있을 수만은 없었다. 엄마인 내가 먼저 일어났다.

"힘 내! 다시 시작해보자."

아이들도 지친 몸을 일으켜 자전거에 올라탔다. 옆으로 넓은 평

✓ 옛 기차길을 자전거길로 바꾼 오타고 센트럴 레일 트레일.

원이 펼쳐지고, 군데군데 기찻길의 흔적이 보이는 길. 이번에는 제대로 가고 있었다. 작은 자갈들이 깔려 있어서 울퉁불퉁 덜컹덜컹, 자전거 안장이 들썩들썩하는 바람에 엉덩이는 아팠지만 아스팔트 오르막길보다는 훨씬 좋았다.

우리 기분도 조금씩 나아졌다. 파란 하늘엔 구름이 드문드문 걸려 있었고, 멀리로는 몇 그루씩 사이좋게 서 있는 나무들이 넓디넓은 뉴질랜드 평원에 푸른 점을 찍고 있었다. 나는 사진기를 꺼내서 그 풍경을 담기 시작했다. 사진을 찍느라 가다 서다를 반복하는 나를 보며 아이들은 빨리 오라고 재촉했다.

"먼저 가! 엄마는 사진 찍으면서 천천히 갈게!"

씽씽 달리고 싶었던 아이들은 먼저 가고, 나는 계속 사진을 찍으면서 갔다.

"으악!"

'쿵' 하는 소리와 함께 나는 길옆으로 나동그라졌다. 사진 찍을 욕심에 옆을 보고 달리다가 길 가장자리에 깊게 파인 웅덩이를 미처 못 봤던 것이다. 눈물이 찔끔 나왔다. 바지를 걷어보니 무릎에 피가 나고, 허벅지에도 퍼렇게 멍이 들어 있었다. 다리에 힘이 풀려서 바로 일어서질 못했다. 아픈 다리를 감싸 안은 채 길바닥에 쓰러져 있는데, 앞서 갔던 준이가 되돌아오는 게 보였다.

"엄마, 괜찮아요?"

엄마가 하도 안 오니 걱정되어서 다시 왔다는 것이다. 넘어진 엄마 체면이 말이 아니다 싶으면서도 준이가 반가웠다.

"이제 앞만 보고 조심해서 가세요!"

준이가 나를 일으켜 세우면서 잔소리를 했다.

멋진 경치는 계속 펼쳐졌다. 우리는 강 위에 아찔할 정도로 높이 놓인 다리도 건너고, 냉장고 안처럼 시원한 터널도 지나갔다. 조각 같은 멋진 돌산이 나타나는가 하면, 산과 산 사이의 깊은 계곡들이 나타나 눈길을 사로잡았다.

그런데 정작 내 몸 상태는 차츰 안 좋아졌다. 땡볕을 너무 오래 쬐어서인지, 전날 밤 늦게까지 짐 챙기느라 잠을 설쳐서인지 지병인 편두통이 내 머리를 죄어오기 시작했다. 아까 아스팔트길에서 힘을 다 써버린 이유도 컸다. 그늘이 있으면 좀 쉬고 싶은데, 나무가 없는 돌산이라 아무리 찾아봐도 그늘이 없었다. 한번 아픈 머리는 나아지질 않고 점점 심해졌다. 편두통에 딸려오는 메스꺼움까지 겹쳐 몸이 더 괴로웠다. 아이들도 뜨거운 햇볕에 점점 지쳐갔다.

더 이상 나아갈 힘이 없었다. 오타고 센트럴 레일 트레일에는 군데군데 옛날 기차역이었던 곳을 표시해둔 안내판이 나와서 갈 길이 얼마나 남았는지 알 수 있었다. 아직도 10킬로미터나 더 가야 했다. 아이들에게는 먼저 가라고 하고, 나는 겨우겨우 뒤따라갔다. 머리가 너무 아파 눈앞이 흐려지고 속도 울렁거려서 자꾸 멈춰야 했다.

"하필이면 왜 내 생일날이야."

은이가 한숨을 쉬며 혼잣말처럼 중얼거렸다. 그날은 은이의 생일이었다. 자전거광인 준이는 늘 자전거 타령을 했지만, 사실 은이는 준이만큼 자전거 타기를 즐기지 않았다. 2박 3일 자전거 여행도 은이는 힘들 것 같다며 주저했다. 그런데 초반부터 길을 잘못 들어 힘을 다 빼고, 엄마까지 아파서 비실비실하니 은이로서는 한숨이 나올 수밖에…. 은이에게 미안했다. 생일인데 괜히 고생만 시킨 것 같기도 하고, 나는 또 왜 이렇게 아프나 싶어 바보같이 눈물이 나왔다. 나는 눈물을 감추려고 얼른 선글라스를 꺼내 썼다.

"엄마, 이제 4킬로미터 남았어요!"

준이가 얼마 남지 않았다고 알려주는데도, 나에겐 그 길이 왜 그렇게 멀어 보이던지. 길이 울퉁불퉁할수록 머리도 흔들리고 점점 더 어지러웠다. 아이들이 없었으면 그냥 길가에 드러누웠을지도 모른다.

안간힘을 다해 겨우 오투레후아에 도착했다. 오후 6시가 넘은 시간, 인적이 드문 조용한 마을에서 우리는 물어물어 예약해둔 숙소를 찾아갔다. 원룸식의 작은 캐빈통나무집들이 여러 채 있는 마당 넓은 숙소였다. 하얀 머리의 주인 할머니가 우리를 반기며 숙소로 안내해주었다.

클라이드에서 맡긴 짐들도 이미 배달되어 있었다. 자전거를 빌려준 가게에서는 자전거 여행자들을 위해 다음 숙소로 큰 짐을 옮겨주는 일도 해주었다. 가방을 뒤져서 편두통 약부터 찾아냈다. 아이들에게 물을 가져다달라고 해서 약을 먹고는 바로 잠이 들었다. 한두 시간쯤 지났을까. 깨어보니 아이들은 알아서 저녁을 챙겨먹고 있었다. 가져갔던 말린 누룽지를 끓인 밥과, 퀸스타운의 한인마트에서 산 장아찌와 멸치볶음이 전부인 은이의 생일날 밥상이었다. 그래도 아이들은 맛있게 잘 먹었다. 자전거로 여행하는 동안 제대로 생일상을 못 차려줄 것 같아 은이가 먹고 싶어 하던 부대찌개를 전날 미리 끓여주긴 했지만, 그래도 미안했다.

약 기운 덕인지 편두통이 좀 나아져서 살 것 같았다. 며칠 전, 은이 몰래 사서 가방 안에 숨겨놓았던 우리나라 초코파이를 꺼냈다. 생일 케이크 대신이었다. 은이가 따로 떨어진 샤워장으로 간 사이에 준이와 나는 작전을 짰다. 중고 가게에서 1달러에 산 작은 초를 가운데 두고 초코파이 세 개를 접시에 담았다. 좀 썰렁해보였는지 준이는 주인 할머니가 먹으라고 준 알록달록한 캐러멜도 옆에 놓아두고, 작은 노란 꽃도 한 송이 따와서 접시에 장식했다. 그런데 성냥이 없었다. 은이가 오기 전에 빨리 구해야 했다.

나는 푸석푸석한 얼굴에 부스스한 머리를 주섬주섬 가다듬으며 주인 할머니를 찾아갔다. 딸의 생일인데 초를 켤 성냥이 필요하다고 하니, 할머니는 "어머나! 축하해요" 하며 얼른 성냥을 찾아주었다. 할머니는 미리 알았다면 케이크라도 준비했을 텐데, 하면서 아쉬워했다. 참 따뜻한 분이었다. 나는 구해온 성냥으로 촛불을 켰고, 준이는 방의 불을 껐다.

"엄마, 우리 숨어 있을까요?"

준이는 샤워장에 가서 누나가 언제쯤 나오는지 확인한 다음, 내 손을 붙잡고 캐빈 옆에 따로 붙어 있는 화장실 앞으로 갔다. 준이는 누나가 깜짝 놀랄 생각에 잔뜩 신이 난 표정이었다. 드디어 은이가 젖은 머리를 수건으로 감싼 채 오는 게 보였다. 우리는 더 안 보이게 꽁꽁 숨었다. 은이가 방문을 여는 소리가 들렸다.

"생일 축하해!"

우리도 은이를 따라 방으로 들어갔다. 은이는 놀라면서 활짝 웃었다. 우리는 생일 축하 노래를 불러주고, 준이와 같이 쓴 카드와 미리 사두었던 그림 엽서책을 선물로 주었다. 겨우 초코파이 몇 개로 만든 케이크였지만, 은이는 기뻐했다.

힘들었던 자전거 여행의 첫날, 그래도 은이의 생일을 따뜻하게 마무리할 수 있어 참 행복했다.

소중한 누나에게
그동안 별일 없이 여행 같이 잘 다녀서 고맙고, 남은 여행도 잘했으면 해. 오타고 레일 트레일에서 자전거 잘 타보고, 앞으로도 잘 지내자.

- 동생 준이가

초코파이로 만든 은이의 생일 케이크.
"생일 축하해!"

／힘들어도 포기하지 않고 2박 3일 자전거 여행을 즐긴 아이들.

말하자면
여행 잘하는 사람

mom's note

사랑하는 우리 딸, 생일 축하해.
오늘 엄마는 네가 어떤 어른이 되면 좋을까 생각해보았단다.
자신과 인생을 바라보는 시간을 즐길 수 있는 사람,
새로운 만남에 가슴이 뛰고 설렐 수 있는 사람,
낯선 사람들과도 따뜻하게 소통할 수 있는 사람,
뜻밖의 일이 생겨도 씩씩하게 잘 헤쳐 나갈 수 있는 사람,
이런 사람으로 커나가길 응원해줄게.

- 엄마가

자전거 여행을 하면서 맞이한 은이의 생일날, 나는 이런 글을 써주었다. 누군가 나에게 "만약 아이가 공부를 잘 못해도 괜찮으세요?"라고 물은 적이 있다. 그때 나는 "공부를 잘하든 못하든, 세상을 지혜롭게 잘 살아가는 능력만은 있으면 좋겠어요"라고 대답했다. 그런데 잘 살아가는 능력이 무엇일까? 여행하면서 곰곰이 생각해본 내용을 딸에게 써준 것이다. 잘 산다는 것에 대해 생각하는 그림은 저마다 다르다. 또 나라마다 문화의 차이도 있는데, 우리나라와 프랑스의 중산층의 기준을 비교한 내용이 기억에 남는다.

첫째, 외국어를 하나 정도는 할 수 있을 것
둘째, 직접 즐기는 스포츠가 있어야 할 것
셋째, 다룰 줄 아는 악기가 있어야 할 것
넷째, 요리 하나 정도는 근사하게 만들 수 있을 것
다섯째, 공분에 의연히 참여할 것
여섯째, 약자를 도우며 봉사 활동을 꾸준히 할 것

과거 퐁피두 대통령이 말한 프랑스의 중산층 기준이라고 한다. 우리나라 직장인을 대상으로 설문 조사한 한국의 중산층 기준을 보면, 달라도 참 많이 다르다는 걸 알 수 있다.

첫째, 부채 없는 아파트 30평 이상 소유
둘째, 월 급여 500만 원 이상
셋째, 2,000cc급 이상의 중형차 보유
넷째, 예금액 잔고 1억 원 이상 보유

우리나라는 눈에 보이는 부의 수치로 중산층을 판단하는 반면, 프랑스는 눈에 보이지 않는 '삶의 질'을 이야기하고 있다. 여행은 장소의 이동만이 아니라 생각도 이동하는 것이라고 했던가. 나도 아이를 바라보면서 성적처럼 눈에 보이는 수치가 아니라 살아가는 데 진짜 소중한 것이 무엇인지 생각해보게 된 것이다.

"그러니까 엄마는 여행 잘하는 사람이 되라는 거네!"
아이들은 내가 생일카드에 쓴 걸 보더니 웃으면서 그렇게 말했다. 아이들 말을 듣고 보니 정말 그랬다. 여행을 잘하는 사람은 잘 살아가는 힘을 지닌 사람이다. 호기심과 도전, 소통과 문제해결력까지, 여행은 살아가는 데 필요한 많은 것을 배울 수 있는 시간이 되니까 말이다.

여행하면서 만난 세계의 젊은이들은 어려움들을 잘 이겨내면서 즐겁게 여행하고 있었다. 우리가 만났던 18살의 독일 소녀는 고등학교를 졸업하고 일 년 동안 진로를 모색하면서 혼자 여행을 하고 있다고 했다. 공부만 한 우리나라 고 3에 비하면 그 소녀는 이미 독립한 어른처럼 참 씩씩하고 의젓해보였다. 나는 그들을 보면서 어떤 일을 하든지, 어디를 가든지 잘 살 수 있을 거라는 생각이 들었고, 우리 아이들도 저렇게만 크면 좋겠다는 바람을 가져보았던 것이다.

얘들아, 여행 잘하는 사람으로만 커다오. 그럼, 언제 어디서든 인생을 멋지게 잘 살 수 있을 거야!

세상에서 가장 아름다운
자전거길

아침에 눈을 떴다. 몸 상태부터 살폈다. 전날 자전거를 타다가 넘어져서 다친 다리는 시퍼렇게 멍이 들었고, 온몸의 근육은 두들겨 맞은 듯 욱신거렸다. 하지만 나를 괴롭혔던 아픈 머리는 한결 나아졌다.

커튼을 열고 밖을 보았다. 머리는 맑아졌지만 하늘은 흐렸다. 비가 주룩주룩. 자전거 여행에서 비는 절대 반갑지 않은 소식이었다. 마음 한편으로는 비 덕분에 좀 쉴 수 있겠다 싶어 은근히 좋기도 했다.

주인 할머니가 시리얼과 빵, 여러 가지 잼과 과일, 우유와 주스를 가져다주었다. 숙박비에 아침식사가 포함된 줄 몰랐는데, 뜻밖에 먹을거리가 생기니 부자가 된 것 같았다.

"일이 있어 이웃 마을에 갔다 오후에 돌아올 거예요. 비가 점심때쯤 그친다고 하는데, 쉬고 싶은 만큼 쉬다 가요. 오늘 랜펄리 Ranfurly

까지 간다고 했죠? 랜펄리는 그리 멀지 않으니 금방 갈 거예요."

쉬고 싶은 만큼 쉬었다 가도 좋음, 랜펄리는 금방 갈 수 있음. 미소도 어여쁜 주인 할머니는 기분 좋은 이야기만 해주고 갔다. 떠나는 날 아침은 늘 바빴다. 보통 체크아웃 시간이 오전 10시라 서둘러 아침을 먹고 부랴부랴 짐을 챙겨서 나가야 했다. 하지만 그날은 비 덕분에, 또 마음씨 따뜻한 주인 할머니 덕분에 아침도 느긋하게 먹고 푹 쉴 수 있었다. 날이 어두워지기 전에 목적지까지 가야 할 길이 걱정되기도 했지만, 금방 갈 거라는 주인 할머니의 말을 믿고 안심하기로 했다.

점심때쯤 되자 줄기차게 퍼붓던 비가 조금 잠잠해졌다. 우리는 점심으로 라면까지 끓여먹고 오후 1시가 넘어서 자전거에 올라탔다. 아직 비가 완전히 그친 건 아니었지만 마냥 숙소에 머물 수만은 없었다. 우비를 챙겨 입고 길을 나섰다.

한동안은 오르막길이 이어졌다. 비도 서서히 그쳤다. 오전에 몸도, 마음도 충전을 했기에 즐겁게 자전거 바퀴를 굴릴 수 있었다. 오타고 센트럴 레일 트레일에서 가장 높은 지점이 나왔다. 그곳을 기점으로 오르막길이 다시 완만한 내리막길로 이어졌다. 우리는 신이 나서 씽씽 달렸다. 도중에 웨더번 Wedderburn 의 한 무인 휴게소에서 잠시 쉬었다. 그곳엔 음료 자판기도 있고 초콜릿이나 견과류바 등 간단한 간식도 있었는데, 물건 값은 '정직 상자 Honesty Box'라고 쓰인 통에 스스로 알아서 넣으면 된다. 그 지역 소식을 전하는 신문 기사들이 벽에 붙여져 있어 쉬엄쉬엄 읽어보기도 했다.

첫째 날은 햇볕이 너무 뜨거워서 힘들었는데, 둘째 날은 비가 온 뒤에 적당하게 구름도 끼고 바람도 불어서 첫째 날보다는 수월했다. 랜펄리에 도착한 시간은 오후 6시. 점심 먹고 늦게 출발했는데도 새벽같이 출발했던 전날보다 도착할 때까지 더 여유가 있었다. 힘들었던 첫날에 비하면 그날은 모든 게 감사했다.

랜펄리에서 하룻밤 묵고 셋째 날 아침이 밝았다. 우리 셋은 열심히 달려서 최종 목적지인 하이드Hyde에 무사히 도착했다. 이제, 끝이라고 생각하니 무거운 짐을 벗은 듯 후련하기도 하고 아쉽기도 했다. 작은 도전이었지만 우리 마음은 뿌듯하게 차올랐다. 길을 헤매기도 하고, 아픈 몸으로 힘겹게 페달을 밟아가며 하루하루 나아갔던 길이다.

뉴질랜드에서 도전해본 오타고 센트럴 레일 트레일은 우리나라에서는 아직 다녀온 사람들이 많지 않아 정보를 찾기도 쉽지 않았다. 어디에서 자전거를 빌리고 어디에서 자야 할지, 또 짐은 어떻게 옮겨야 할지, 뉴질랜드 여행에서 가장 오랫동안 준비하고 또 기대했던 일정이었다. 여행을 떠나기 전, 우리를 설레게 했던 것은 오타고 센트럴 레일 트레일을 '세상에서 가장 아름다운 자전거길'이라고 소개한 어느 신문 기사였다.

3일 동안 자전거로 달리면서 뉴질랜드다운 풍경을 실컷 볼 수 있었다. 영화 〈반지의 제왕〉에 나올 법한 넓디넓은 평원과 완만한 산의 풍경이 끝없이 펼쳐졌다. 목장 옆을 지날 때면 우리나라 소보다 날씬해 보이는 뉴질랜드 소들이 물끄러미 우리를 쳐다보았고, 꼼짝 않고 풀을 뜯어먹다가 우리가 지나가면 슬금슬금 도망치는 겁 많은 양들도 자주 만났다. 무엇보다 오타고 센트럴 레일 트레일의 주변 마을과 기찻길의 역사를 잘 지키고 있는 점이 부러웠다.

하지만 '세상에서 가장 아름다운 자전거길'이라고 한 오타고 센트럴 레일 트레일에서 '가장'이라는 수식어에는 딴지를 걸고 싶다. 아이들과 함께한 여행에서 또 다른 아름다운 자전거길들을 여럿 만났었기 때문이다.

네덜란드에서 자전거로 누볐던 호헤 벨루에 De Hoge Veluwe 국립공원의 숲길과 자전거로 제주도 일주를 하면서 보았던 그 파란 바닷길도 오타고 센트럴 레일 트레일 못지않게 아름다웠다. 오타고 센트럴 레일 트레일에서 외국인들을 만나 이야기할 기회가 있을 때마다 나는 우리나라에도 이만큼 아름다운 자전거길이 있다고 자랑하곤 했다. 오타고 센트럴 레일 트레일은 세상에서 '가장'은 아니지만, 세상의 아름다운 길 중 하나로 우리 마음에 남았다.

세상 곳곳의 아름다운 길들을 하나하나 다 밟아보고 싶다. 우리가 달린 수많은 길이 모이면 세상에서 가장 멋진 지도를 그릴 수 있을까?

펭귄 보기
참 힘드네!

　동물원의 펭귄이 아닌, 야생 펭귄 만나기. 이곳만큼 가는 이유가 뚜렷했던 곳도 없었다. 오아마루Oamaru에 가면 낮 동안 바다에서 지내다가 밤이 되면 잠을 자기 위해 육지로 올라오는 야생 펭귄을 볼 수 있다고 한다. 아이들도, 나도 펭귄을 볼 생각에 마음이 부풀었다. 오아마루의 숙소에 도착하자마자 직원에게 물어보았다.
　"펭귄을 어떻게 볼 수 있나요?"
　직원은 펭귄 보는 방법을 몇 가지 알려주었다. 우선 '펭귄 보호 구역'이라는 이름의 건물을 찾아가 입장료를 내고 울타리 안으로 들어가 펭귄을 보는 방법이 있었다. 또 블루 펭귄을 본 후, 버스를 타고 다른 곳으로 이동해서 노란눈 펭귄을 볼 수 있는 투어도 있다고 했다.블루 펭귄과 노란눈 펭귄, 두 종류의 펭귄이 있다.
　일정상 오아마루에서 지낼 수 있는 날은 딱 하루였기에 펭귄을 볼 수 있는 기회는 그날 밤, 단 한 번의 기회뿐! 확실하게 보려면 펭귄 투어를 신청하는 게 가장 안전한 방법이었다. 그러나 썩 마음에 들지 않았다. 돈도 돈이지만, 야생의 펭귄을 관람석에 앉아 인공적인 방법으로 보는 건 어쩐지 시시해 보였다. 또 뭐든 스스로 찾고 직접 부딪혀보자는 우리의 여행 방법과도 맞지 않았다. 우리는 인터넷을 검색해 해안가의 주차장에서 기다리면 바다에서 올라오는 펭귄을 볼 수 있다는 정보를 찾아냈다.

"얘들아, 우리끼리 펭귄 보러 가자. 그게 더 재미있을 것 같아."

아이들도 고개를 끄덕였다. 하지만 펭귄을 볼 수 있을지, 없을지는 알 수 없었다.

펭귄은 어둠이 내려앉은 밤 8시 이후에나 육지로 나온다고 한다. 아직 해는 쨍쨍했고, 밤이 되기를 마냥 기다릴 수만은 없었다. 숙소에서 몇 발자국 걸어 나가니 뜻밖에도 넓은 공원이 나왔다. 파란 잔디밭과 하늘 높이 솟은 나무들 사이에 놀이터도 보였다. 아이들은 물 만난 고기들처럼 그곳으로 달려갔다. 놀이터에 열광할 나이는 아닌데도, 대자연 속 놀이터는 아이들을 동심으로 돌아가게 했다. 놀이터 너머의 공원도 기대 이상이었다. 어느 보태닉 가든_{식물원} 못지않게 꽃과 나무를 아름답게 가꾸어 놓은 정원도 눈을 뗄 수가 없었다.

그런데 이 공원 이름이 뭐지? 표지판을 찾아보니 다른 쪽 입구에 '오아마루 공원 Oamaru Public Park'이라고 써져 있었다. 낭만적인 이름이 아니라 살짝 실망했지만, 이름이 뭐가 그리 중요하랴. 내용이 훌륭한 것을! 펭귄만 생각하고 왔던 오아마루였는데, 우연히 만난 아름다운 공원 덕분에 오아마루가 더 좋아지는 순간이었다.

／우연히 만난 아름다운 오아마루 공원의 호수

공원 나들이에서 돌아오니 슬슬 펭귄을 보러갈 시간이 다가왔다. 펭귄 서식지까지는 걸어서 넉넉하게 50분쯤 걸린다고 한다. 공동 부엌에서 이른 저녁을 해먹고, 쌀쌀한 바닷바람에 대비해 두꺼운 점퍼들도 하나씩 챙겨서 길을 나섰다.

왜 우리는 늘 예상했던 것보다 시간이 더 걸리는 걸까? 이번에도 어김없이 길을 헤맸다. 맨 처음 만난 큰 사거리에서 '펭귄 서식지'라는 표지판을 딱 한 번 봤는데, 그 방향을 따라가니 공장과 창고 같은 건물들이 즐비한 길이 나왔다. 아무래도 길을 잘못 든 것 같았다. 길을 물어보려고 주위를 둘러보았지만, 우리 말고는 아무도 없었다. 다행히 작은 술집이 하나 보여 안으로 들어가 물어보니, 역시 잘못된 길이었다. 우리는 큰 사거리로 다시 되돌아갔다. 그리고 사람이 보일 때마다 묻고 또 물으며 길을 재촉했다.

날은 점점 어두워졌고, 발걸음도 더 빨라졌다.

"엄마, 다리 아파요."

아이들 입에서 힘들다는 소리가 나오기 시작했다. 그냥 택시를 불러서 탈 걸 그랬나, 잠시 후회가 밀려왔지만 택시도 보이질 않았다. 이러다가 펭귄이 잠자러 다 들어가 버리면 어쩌나 하는 걱정이 들었다. 우리는 10분 정도만 더 걸어가면 도착할 거라는 말을 듣고 찻길을 따라 걸었다. 드문드문 다니는 차들이 쌩하고 우리 옆을 지나갔다. 펭귄 서식지로 가는 차들일 거라고 생각하니 부러웠다. 우리처럼 걸어서 가는 사람은 보이질 않았다. 7시도 안 되어 출발했는데 벌써 8시가 넘었다.

"얘들아, 조금만 더 힘내자."

드디어, 작은 부두가 있는 바다가 나타났고 사람들이 모여 있었다. 조금 더 가니 커다란 펭귄 동상과 기념품점이 있는 건물이 보였다. 그곳에서 표를 사면 펭귄을 보는 관람 장소로 갈 수 있는 듯했다. 우리는 다시 바닷가 쪽으로 나왔다.

'정말 여기서도 펭귄을 볼 수 있는 걸까?'

내심 불안했다. 아이들과 함께 어스름한 바다를 쳐다보고 있었다. 갑자기 누군가가 내게 말을 걸었다.

"저기 부두에 까맣게 줄 서 있는 거 보이죠? 그게 다 펭귄이에요. 더 어두워지면 여기로 올 거예요."

옆에 앉아 담배를 피우던 여자였다. 나는 놀라서 다시 물어보았다.

"네? 저게 다 펭귄이라고요?"

그렇지 않아도 부두 위에 있는 게 뭔지 궁금하던 차였다. 그게 설마 펭귄일 줄이야. 과연 펭귄을 볼 수 있을까, 불안하던 마음이 두근두근 기대감으로 반전되는 순간이었다.

뉴질랜드 북섬 출신이라고 자신을 소개한 여자는 사업 때문에 이곳에 와 있다고 했다. 이번이 처음이 아닌 듯 우리와는 달리 경험자의 여유가 보였다. 우리는 그 여자의 말만 믿기로 했다. 게다가 뜨내기 여행자도 아닌 뉴질랜드 사람! 독특한 뉴질랜드 악센트의 발음에 더 믿음이 갔다. 이제 기다리는 일만 남았다. 시계를 보니 9시가 지났다. 그런데도 아직 육지로 올라오는 펭귄은 없었다.

"얼마나 더 있어야 해?"

아이들이 물었다.

"글쎄…."

우리는 다시 그 뉴질랜드 사람한테 가서 물어보았다. 그녀의 대답은 간단했다.

"펭귄만이 알겠죠. 하하."

그 말이 맞긴 했다. 여기는 동물원이 아니니 언제라도 볼 수 있는 곳이 아니었다. 언제 올지는 펭귄의 마음에 달려 있었다. 우리처럼 펭귄을 기다리는 사람들 모두 말소리가 조용조용했다. 언제라도 펭귄이 오면 놀라지 않게 맞이하려는 듯했다. 얼마 뒤, 우리가 서 있는 쪽으로 그 뉴질랜드 사람이 다가와 속삭였다.

"저기, 돌 틈으로 한 마리가 보여요."

우리는 살금살금 그쪽으로 다가갔다. 돌 사이로 희끄무레한 뭔가가 움직이는 게 보였다.

"와, 진짜 펭귄이다. 펭귄!"

펭귄은 위쪽으로 더 올라올까 말까 고민하는 듯 보였다. 생각보다 작아서 더 귀여웠다. 블루 펭귄은 세상에서 가장 작은 펭귄으로, 페어리 펭귄이라고도 불린다. 크기는 최대 30센티미터라고 한다.

밤 10시가 넘으니 펭귄들이 하나둘씩 보이기 시작했다. 두세 마리씩 짝지어서 육지로 올라오는 펭귄들, 그런데 바로 앞에 찻길이 있었다. 펭귄이 찻길을 건너려 하면 자원 봉사자인 듯한 사람이 달리는 차를 멈춰 세웠다. 펭귄

들한테 방해될까봐 다들 불빛이 없는 곳에 숨어서 말소리도 소곤소곤, 사진기의 플래시도 터지지 않게 조심조심했다. 펭귄들은 뒤뚱뒤뚱 길을 건너더니 풀숲으로 쏙 들어가 버렸다.

또 어떤 펭귄들은 바닷가의 빈 창고 안으로 들어가기도 했다. 허름한 창고 안에서 펭귄의 울음소리가 들렸다. 가만히 귀 기울여보니 한 마리가 아니라 여러 마리인 듯했다. 바다에서 아주 멀리 떨어진 오아마루의 주택가에서도 한밤중에 펭귄이 나타나곤 한단다. 지하실로 숨어들어와 자고 가는 일도 있다고 한다. 우리는 시간 가는 줄도 모르고 보물찾기라도 하듯, 여기저기서 펭귄이 나타날 때마다 뒤따라가서 보았다.

시계를 보니 어느새 밤 12시가 가까워졌다. 12시가 되면 원래 모습으로 돌아가는 신데렐라처럼 우리도 다시 일상으로 돌아가 잠을 잘 시간이었다. 사실 잘 시간은 훌쩍 넘겼지만 정신은 말똥말똥했다. 아이들도 전혀 졸려 하질 않았다. 펭귄들도 거의 다 자러가고, 사람들은 하나둘씩 자리를 뜨기 시작했다. '이제 그만 가야 할 텐데, 어떻게 돌아가지?' 우리와 이야기를 나누었던 뉴질랜드 사람은 어떤 사람의 차를 같이 타고 가는 듯했다. 우리도 같이 탈 수 있을까 해서 그 차 쪽으로 가보았다. 하지만 벌써 뒷자리엔 다른 사람들이 타고 있었다. 그 차도 떠나고, 남아 있던 차들도 거의 다 떠났다. 어딘가에서 자고 있을 펭귄들과 우리만 남게 될지도 모르는 상황이었다. 아이들도 슬슬 걱정이 되는 모양이었다.

"엄마, 우리는 어떻게 가?"

그때 낮에 숙소로 가는 길에 받아두었던 택시 명함이 생각났다.

손가방 어디엔가 두었을 것 같은데, 아무리 찾아도 보이질 않았다. 난감했다. 혹시나 해서 스마트폰을 꺼냈는데, 다행하게도 인터넷이 연결되었다. '오아마루 택시'를 검색해서 겨우 택시 번호를 찾을 수 있었다. 택시 회사에 전화를 걸었더니, 지금 어디 있냐고 물어왔다. 펭귄 서식지라고 하자, '오케이!' 하면서 기다리라고 했다. 10분쯤 기다렸을까? 택시 한 대가 오는 게 보였다. 사람들은 거의 다 떠나고 우리만 남았을 때였다. 머리가 희끗희끗한 택시 아저씨를 본 순간, 백마 탄 왕자님이라도 본 것처럼 반가웠다. 기사 아저씨는 '헬로!' 하고 유쾌하게 인사를 하며 물었다.

"오늘 펭귄은 많이 봤어요?"

우리는 아주 많이 봤다고 자랑스럽게 대답했다. 숙소로 돌아가 대충 씻고 누우니, 몸은 고단했지만 잠이 쉽게 오질 않았다. 야생의 펭귄을 보고 온 감동이 가시질 않는지, 아이들도 펭귄 이야기를 계속했다. 돈 내고 들어가는 관람석에 앉아 펭귄을 보았다면 훨씬 더 편했겠지만, 직접 발로 찾아가 고생을 해가면서 본 펭귄이기에 더 잊을 수 없을 것 같다.

이 밤에 돌아온 펭귄들은 새벽 4시면 다시 먹이를 찾아 바다로 나간다고 한다. 정말 부지런한 펭귄이다. 하지만 우리는 늦게까지 푹 자기로 했다.

귀여운 펭귄들아, 만나서 반가웠어!

2

현지인처럼 머무는 여행

현지인처럼
살아보고 싶어

낯선 도시에 머물며 현지인처럼 살아보기! 언젠가부터 이런 꿈을 꾸었다. 스쳐가는 여행자가 아니라 한 곳에 머물면서 현지인들처럼 더 깊이 보고, 더 오래 느끼고 싶었다. 머무는 여행은 여러 곳을 돌아다니기보다 한 곳이라도 천천히, 자세히 보자는 우리의 여행법에도 잘 맞았다. 운 좋게도 뉴질랜드에서는 두 달이라는 시간이 있었기에 머무는 여행이 가능했다.

어디에 머물지 고민하던 중 '넬슨'이라는 도시가 아이들과 지내기 좋다는 이야기를 들었다. 남섬의 북쪽 맨 끝에 있는 넬슨은 뉴질랜드의 배꼽, 그러니까 뉴질랜드의 정중앙에 위치한 곳이다. 뉴질랜드에서 가장 일조량이 많은 써니 시티 Sunny City라는 말에 넬슨에서 머물러보기로 단숨에 결정! 평소에는 옷 한 가지를 사도 수없이 고민하는 우유부단형에 못 말리는 신중파인데, 그리 쉽게 머물 곳을 결정하다니 나도 놀랐다. 그만큼 넬슨은 나도 모르게 끌렸던 도시였을까?

　넬슨에서는 3주 동안 머무르기로 했다. 한 달 일정을 짜면 다른 지역을 돌아다닐 시간이 좀 부족한 듯했고, 2주는 머물기엔 너무 짧은 것 같았다. 3주가 딱 좋았다. 그렇게 넬슨의 임시 주민이 되어보기로 하고, 우리가 지낼 민박집을 찾았다.

　이곳은 집을 떠나 만나는 편안한 집이 될 것입니다. 집에 들어서자마자 잘 자란 나무들과 하루 종일 밝은 햇볕, 산과 바다 전망과 함께 편안하게 쉴 수 있을 거예요. 데크에서 와인을 마시거나 타후나누이 비치로 산책도 나가보세요.
　Here is your home away from home…. set amongst mature trees with all day sun, views of the mountains and sea you'll relax as soon as you walk in the door. Drink wine on the deck or walk Tahunanui beach.

　이렇게 소개한 에블린의 집을 알게 되었다. 햇볕과 전망, 비치 산책. 이 모두가 마음에 들었지만, '집을 떠나 만나는 편안한 집'이라는 말이 제일 마음에 와 닿았다. 나는 3주 동안 머물고 싶다고 연락했고, 에블린은 환영한다는 답장을 바로 보내왔다. 그렇게 넬슨에 우리 집이 생겼다.

　넬슨에 도착해서 버스에서 내리니 한 사람이 환하게 웃으며 다가왔다. 사진을 보았던 터라 한눈에 에블린인 줄 알아보았다. 넬슨에서 머물 준비를 하면서 이메일을 여러 번 주고받았는데, 그때 에블린은 우리가 벌써 친구가 된 것 같다고 했다. 그래서인지 마치 오랜 친구를 만난 것 같은 기분이었다.

에블린의 차를 타고 넬슨의 우리 집으로 향했다. 지은 지 50년이 넘은 나무집이었다. 오래되고 낡긴 했지만 집을 잘 가꾸어놓아서 단아하고 정갈했다. 우리가 쓸 방은 차고와 이어지는 아래층에 있었고, 위층엔 부엌과 거실, 에블린의 방이 있었다.

에블린이 우리 방으로 안내했다. 창문으로 들어오는 햇살이 방 안을 환하게 비추고 있었다. 방을 둘러보다가 침대 위에 놓인 전복 껍질 세 개를 발견했다. 그 안에 수제 천연비누가 들어 있었고, 바로 옆에는 '이곳에서 잘 지내길 바란다'고 적힌 에블린의 편지가 곱게 놓여 있었다. 따뜻한 환영 인사였다. 아이들도 머물 집이 생겨서 좋은지 푹신한 침대 위에 털썩 누워서는 활짝 웃었다. 넬슨까지 오느라 피곤했던 것도 어느새 잊고, 우리 집에 온 것처럼 편안했다.

거기까지는 좋았는데, 갑자기 문제가 생겼다. 큰 짐을 들고 계단을 오르다가 발목을 삐끗한 것이다. 발목이 계속 욱신거렸지만 곧 괜찮아지겠지 하면서 참았다.

저녁 무렵, 에블린이 반려견인 키리를 데리고 가까운 해변으로 산책을 가는데 같이 가지 않겠냐고 물어왔다. 집에서 걸어갈 수 있는 해변이라니, 근사했다. 나는 절뚝거리면서 아이들과 함께 따라나섰다.

해변에 도착하자마자 아이들은 모래사장을 향해 달려갔다. 마침 썰물 때라 모래사장이 넓게 펼쳐졌고, 바다까지는 꽤 많이 걸어야 했다. 나는 발목이 점점 아파와 꼼짝도 하기 어려웠다. 에블린이 아이들과 키리를 데리고 바다까지 다녀오겠다고 했다. 셋은 벌써 친구가 되어 있었다.

모래사장에 앉아서 쉬었지만, 내 발목은 점점 부었고 상태가 안 좋아졌다. 결국 준이가 주워온 기다란 나무 막대기에 의지해서 집으로 돌아와야 했다. 에블린은 압박붕대와 바르는 연고를 내게 가져다주었다. 그리고 등산용 지팡이도 필요할 거라면서 빌려주었다. 더 안 좋아지면 바로 병원에 가보자고도 했다.

"고마워요. 덕분에 금방 나을 것 같아요."

그나마 넬슨에 도착해 다친 걸 다행으로 생각해야 하나. 머무를 집이 있고, 큰언니처럼 보살펴주는 에블린이 있으니까 말이다. 발목 통증이 점점 심해져서 일찍 침대에 누웠다.

"엄마, 필요한 거 있으면 말해요."

나를 걱정하며 챙겨주는 아이들을 보며 '엄마는 아파야 호강을 하는구나' 싶어 웃음이 나왔다. '그래, 현지인처럼 살아보자고 왔으니 다치기도 하고, 병원도 가보는 거야.' 삔 발목으로 시작한 넬슨의 첫날. 출발은 삐걱거렸지만 마음만은 따뜻했다.

넬슨에서 3주 동안 머문 에블린의 집 창가에서

믿는 척하지 말고
믿기

"3주 동안 뭘 하지?"

여행을 떠나기 전, 넬슨에서 3주를 보내기로 하고 머리를 열심히 굴려보았다. 마냥 구경만 하고 다닐 수는 없을 테고, 아이들에겐 그곳의 친구들을 만나고 사귀는 기회가 있으면 좋을 것 같았다. 어학연수가 아니니 학원을 보낼 생각은 없었고, 영어 학원을 보내면 현지 아이들을 자유롭게 만날 수도 없었다.

우리가 넬슨에 가 있는 1월은 뉴질랜드에선 여름방학 기간이다. 마침 지역의 커뮤니티센터에서 운영하는 방학 프로그램이 있다는 걸 알게 되었다. 바로 이거다 싶었다. 전년도에 했던 프로그램을 보니 운동하거나 뭔가를 만들거나 소풍도 가면서 하루 종일 신나게 노는 일정이었다. 아이들에게도 보여주었다.

"어때? 같이 한번 해볼래?"

"재미있을 것 같긴 한데, 말이 안 통하잖아요."

아이들은 관심은 보였지만, 걱정스러운 표정이었다.

"그래도 지금까지 여행하면서 친구들 잘 사귀고, 재미나게 잘 놀았잖아?"

"그렇긴 하지만…."

잠깐 머뭇거리던 아이들은 이내 고개를 끄덕였다. 그동안의 여행 경험이 작은 용기를 내게 한 걸까? 아이들은 한번 해보겠다고 했다. 아이들의 말을 듣고 내색은 안 했지만 속으로는 얼마나 기뻤는지 모른다. 사실은 나도 아이들이 낯선 환경에서 잘 지낼 수 있을지 걱정도 되고, 아이들이 내키지 않는다고 하면 억지로 하게 할 생각은 없었다.

이리저리 웹서핑을 한 끝에 민박집 근처 커뮤니티센터의 연락처를 찾아냈다. 몇 번의 연락 끝에 지역 주민이 아닌 여행자도 신청할 수 있으며, 자리는 많으니 넬슨에 와서 신청해도 된다는 사실도 알게 되었다. 아이들은 걱정 반, 설렘 반이었다.

"괜찮을까? 나 영어 못 하는데…."

"어떤 애들이 올까?"

아이들 말을 잘 들어보면 설렘보다는 걱정이 조금 더 많은 것 같았다. 정작 나는 기대 1퍼센트, 걱정 99퍼센트였다.

'첫날 갔다가 가기 싫다고 하면 어쩌지?'

'하루 종일 기죽어서 지내지는 않을까?'

'말도 못 알아듣고 왕따라도 당하면 어쩌지?'

아이들에겐 걱정 말라고 했지만, 나는 첫아이가 초등학교에 입학

／걱정과 설렘을 안고 시작한 커뮤니티 센터의 방학 프로그램

할 때보다 훨씬 더 심란했다.

드디어 방학 프로그램을 시작하는 날! 준비물은 딱 하나, 도시락이었다. 한국에서는 소풍날 김밥 한 번씩 싸가는 것 말고는 도시락을 쌀 일이 없다. 내가 우리나라 학교에 가장 감사한 점은 아이들에게 점심을 준다는 것이다. 늘 식구들 끼니를 챙겨야 하는 주부 입장에서는 밖에서 아이들이 밥 한 끼라도 해결하고 온다는 게 얼마나 편하고 좋은지 모른다. 그런데 2주 동안 매일 도시락을 싸야 한다니, 나에겐 엄청난 부담이었다. 게다가 장소는 한국도 아닌 뉴질랜드! 어떻게 도시락을 싸야 하는지, 도무지 감이 오질 않았다.

토종 한국인의 입맛이라 빵보다는 밥이 더 든든하겠지만, 뉴질랜드 아이들은 주로 샌드위치를 싸올 테니 첫날은 무난하게 샌드위치를 싸보기로 했다. 미리 사놓은 식빵에 햄과 치즈, 토마토와 오이를 썰어 넣고 양상추까지 채워 넣었더니 꽤 두툼한 샌드위치가 만들어졌다. 그리고 작은 통에 오렌지와 바나나, 키위를 조금씩 넣어 모듬 과일도 쌌다. 작은 병에 담긴 오렌지 주스도 준비했다.

다 싸고 보니 샌드위치를 가방에 그냥 담으면 찌그러질 것 같았다. 집이라면 도시락 통도 있고 다양한 밀폐용기들도 있는데, 여행자에게 그런 게 있을 리가 없다. 고민을 하다가 찾은 게 다 먹은 2리터짜리 플라스틱 아이스크림 통이었다. 네모난 아이스크림 통은 꽤 커서 샌드위치와 주스를 넣으니 딱 맞았다. 별것 아닌 도시락이었지만 시간도 많이 걸리고 신경도 많이 쓰여서 아침부터 진이 빠졌다.

아이들 배낭에 도시락을 넣어주고 프로그램이 열리는 학교로 함께 갔다. 아이들도 그날 아침은 살짝 긴장한 표정이었다. 나는 일부러 유쾌한 분위기를 만들기 위해 아이들 손을 잡고 노래도 부르면서 갔다. 학교는 내리막길을 걸어서 10분 정도 거리였다.

대여섯 명의 아이들이 이미 와서 놀고 있었고, 두 분의 남녀 선생님이 우리를 맞이했다. 이름은 엘리와 핀이었다.

"재미있게 지내고, 이따 보자!"

"응, 엄마. 이따 데리러 올 거죠?"

인사를 하고 집으로 돌아와서도 마음은 내내 아이들에게 가 있었다.

'잘 지내고 있을까?'

'점심은 잘 먹었을까?'

'지금은 뭐하고 있을까?'

책도 좀 보고 밀린 여행 일기도 쓰려고 했지만, 손에 잘 잡히지 않았다. 전화기만 계속 만지작거렸다. 혹시나 아이들이 집에 가고 싶어 한다는 연락이 오지 않을까 해서였다. 심란했던 시간이 지나고, 프로그램이 끝나는 오후 4시가 될 무렵 집을 나섰다. 아이들이 어떻게 지냈는지 궁금한 마음에 발걸음이 더 빨라졌다.

강당 문은 활짝 열려 있어서 멀리서도 안이 잘 보였다. 은이, 준이는 커튼 뒤에 숨어 있었다. 숨바꼭질 비슷한 걸 하는 것 같았다. 나는 놀이가 끝나기를 기다리며 맞은편 건물 쪽에서 아이들을 지켜보았다. 은이, 준이는 커튼에서 나와 다른 친구들을 보며 웃었다. 아이들이 웃는 모습에 하루 종일 불안했던 마음이 바람처럼 날아가 버렸다.

아이들의 손을 잡고 집으로 돌아가면서 그날 하루 이야기를 들었다. 준이는 리암이라는 또래 남자아이와 친해져서 잘 놀았고, 은이는 생각보다 재미있어서 시간이 금방 갔다고 했다. 다행히도 언어의 장벽은 그곳에서 생각만큼 큰 문제가 되지 않았나 보다. 그제야 마음이 놓였다.

"와, 너희들 어딜 가든 잘 살겠구나! 낯선 곳에서도 이렇게 잘 지내는 걸 보니…."

나는 아이들을 진심으로 칭찬해주었다. 역시, 부모의 걱정은 기우일 때가 많다.

진심으로 믿으면
행복해진다

mom's note

엄마의 반응에 따라 아기의 행동이 어떻게 달라지는지 실험한 동영상을 본 적이 있다. 엄마의 반대편에 있던 아기가 엄마를 향해 열심히 기어오다가, 실제로는 투명한 바닥이지만 아래가 뻥 뚫린 것처럼 보이는 부분 전문용어로 '시각 벼랑'이라고 한다이 나타나자 무서워하면서 엄마를 쳐다본다. 그 아기의 엄마는 걱정스러운 표정으로 아기를 보고 있었다. 아기는 엄마의 표정을 보자 멈칫거리면서 앞으로 오질 못하고 다시 되돌아갔다.

다음 실험에서는 또 다른 아기가 나왔다. 시각 벼랑을 만나는 상황은 같지만, 그 아기 엄마의 표정이 달랐다. 엄마는 아이를 향해 방긋방긋 웃어주고 박수를 치며 응원을 했다. 아기는 시각 벼랑을 보고 멈칫하다가 웃는 엄마를 보더니 앞을 향해 씩씩하게 기어왔다. 결국 엄마 품에 안겨서 활짝 웃었다.

두 아기의 실험을 보면서 엄마의 믿음과 응원이 얼마나 중요한지 알 수 있었다. 엄마가 긍정의 믿음을 가지고 바라보는 것만으로도 아이에겐 큰 힘이 된다.

아이를 믿는다는 것은 말처럼 쉽지 않다. 아들이 예순 살이 되어도 늙은 어머니는 마음을 놓지 못하고, 길 건널 때 조심하라고 신신당부한다고 하던가. 부모는 자식이 어리든, 나이가 많든 늘 잘못되지나 않을까 불안해한다. 부모에게 자식은 품 안에 두고 보호해주고 싶은 존재인가 보다.

중학생이 된 딸의 성적표를 보면서도 나는 불안했다. 하지만 자꾸만 주저앉는 내 마음과 달리 은이는 늘 긍정적이었고, 오뚝이처럼 금방 일어났다. 스스로 공부 계획을 짜서 실천하려 애쓰고, 부족한 과목의 공부 방법을 찾아보기도 했다.

이런 딸을 보면서 나에겐 큰 변화가 생겼다. 점점 은이를 믿게 된 것이다. 시행착오를 겪으면서도 꿋꿋하게 한 걸음씩 나아가는 걸 보며, 이 아이는 커서 무슨 일을 하든 씩씩하게 잘 살 거라는 믿음이 생겼다. 성적을 믿는 게 아니라 아이를 믿게 된 것이다. 조금씩 찾아온 이런 변화가 나는 참 기뻤다.

넬슨에서 나는 방학 프로그램에 가면서 걱정하는 아이들에게 괜찮을 거라고 말해주었지만, 믿는 척만 했을 뿐 속으로는 많이 불안했다. 진심으로 믿지 못해서다. 아이는 부모의 믿음을 거름 삼아 무럭무럭 자란다. 부모가 아이를 늘 웃으며 바라보고 응원해준다면 아이는 더 큰 힘을 낼 수 있으리라. 진심으로 믿게 되면 아이도, 부모도 더 행복해진다.

대장놀이 덕분에

넬슨에서 머물며 아벨 타즈만 Abel Tasman 국립공원으로 트래킹을 하러 갔던 날이다.

"힘든데 얼마나 더 가야 해요?"

"너무 더워요."

걷기 시작한 지 얼마 되지도 않았는데, 아이들은 벌써부터 찡찡거렸다. 그날따라 햇살이 유난히 따갑기는 했다.

뉴질랜드에 첫발을 디딘 네덜란드 탐험가 아벨 타즈만의 이름을 딴 그 국립공원은 아름다운 바다를 낀 해안 트래킹 코스로 유명하다. 아벨 타즈만 트래킹 코스는 완주하는 데 최소 3박 4일 정도가 걸린다고 한다. 마음 같아서는 그 길을 다 걸어보고 싶었지만, 가게도 없고 먹을 것도 다 짊어지고 다녀야 하는 오지 트래킹이라 아이들과는 무리였다. 게다가 삔 발목도 아직 다 낫질 않은 상태라 엄두도 나질 않았다. 원래 일정보다 며칠 미루어서 갔지만, 내 발목 상태는 하루 코스도 자신이 없었다. 게다가 힘들어하는 아이들의 표정을 보니 오늘 하루가 어떨지 충분히 상상되었다. 하늘은 구름 한 점 없이 맑았지만, 종일 걸어야 하는 우리의 하루는 짙은 먹구름이 예상되는 상황이었다. 나는 아이들이 힘을 내도록 비장의 간식도 꺼내서 주고, 발목이 좋지 않아 아이들에게 메게 했던 배낭도 내가 메겠다고 했다. 아이들을 억지로 끌고 가자니 한 시간도 채 지나지 않아 나까지 지쳐버렸다. 과연 트래킹을 무사히 끝마칠 수 있을지, 걱정되었다.

우리는 여행을 하면서 역할 분담을 하곤 했다. 길 찾는 걸 좋아하는 은이는 지도 대장, 먹는 걸 좋아하는 준이는 먹거리 대장, 나는 여러 가지를 잡다하게 챙기는 총무, 이런 식으로 말이다. 그날은 꼭 필요한 대장이 있었다. 우리 모두를 기운 나게 이끌어줄 힘 대장!

"얘들아, 우리 대장놀이 할까? 30분씩 돌아가면서 대장을 하는 거야. 나머지 사람은 대장 말을 잘 따라야 하고."

아이들 반응은 나쁘지 않았다. 군대생활을 체험하는 텔레비전 프로그램이 떠올랐는지, 재미있을 것 같다고 했다.

"자, 그럼 준이부터! 대장님, 이제 어떻게 할까요?"

"모두 열심히 걷는다! 내가 쉬자고 할 때까지!"

"네, 대장님!"

은이랑 나는 준이 대장님 말에 힘차게 대답했다. 앞장선 대장님은 물론, 대원들의 발걸음도 한결 가벼워졌다. 30분 뒤, 이번에는 은이가 대장을 할 차례였다. 은이가 맨 앞에 섰다.

우리 모두를 기운 나게 이끌어줄 힘 대장이 필요해!

"대장님, 앞에 뭐가 보입니까?"

"조금만 더 가면 바다가 나올 것 같다!"

"네, 알겠습니다!"

은이, 준이, 나, 셋이서 돌아가며 대장을 했고, 이런 식의 대화를 계속 주고받으며 걸었다. 옆에서 보면 참 유치하게 보였겠지만 우린 나름 진지했고, 또 덕분에 힘이 났다. 작전 성공! 나는 속으로 흐뭇한 웃음을 지었다. 이렇게만 간다면 오늘의 다섯 시간 트래킹도 고행이 아니라 즐거운 놀이가 될 것 같았다.

산길 사이로 중간 중간에 펼쳐지는 아름다운 바다 풍경은 힘든 걸 잊게 했고, 바닷바람은 땀을 식혀주었다. 우리는 해변으로 내려가 도시락을 먹고 바닷물에 들어가 보기도 했다. 내 발목도 생각보다 잘 버텨주었다.

보스Boss와 리더Leader의 차이에 대해 설명하는 그림을 본 적이 있다. 높은 절벽을 올라갈 때 보스는 꼭대기에 먼저 올라가 밑에서 올라오는 사람들을 혼내면서 다그치고, 리더는 같이 오르면서 뒤이어 오는 사람들을 손으로 잡아서 끌어주고 있었다. 또 줄다리기를 하는 그림도 있었는데, 보스는 뒤에서 더 힘내라고 채찍질을 하고 리더는 앞장서서 다른 사람들과 함께 힘을 모아 줄을 잡고 당겼다.

'나는 보스형 부모일까? 리더형 부모일까?'

이 그림들을 보면서 부모의 역할에 대해 생각해보았다. '보스'는 명령만 하는 수직적인 관계, '리더'는 서로 소통하면서 돕는 수평적인 관계다. 마음은 아이들과 함께 노력하면서 이끌어주는 리더형 부모가 되고 싶은데, 현실에서는 자꾸만 위에서 명령하고 다그치는 보스가 되려고 할 때가 많다. 목표를 이루라고 채찍질만 하는 부모보다는 목표를 이루기 위해 함께 노력하는 부모가 되고 싶다. 그날의 트래킹처럼 부모가 함께 걸으면서 이끌어준다면, 아이들도 스스로 리더라고 느낄 수 있지 않을까?

"이제 거의 다 왔다. 조금만 더 힘내자!"

"네~ 알겠습니다. 대장님!"

그날 트래킹을 하면서 했던 대장놀이는 모두가 '리더'가 되었던 경험이다. 무엇보다도 내가 '보스'가 되어서 아이들을 억지로 끌고 가지 않아서 좋았다. 아마 그렇게 했으면 더위와 짜증으로 힘겨운 추억만 남았을지 모른다. 하지만 그날은 모두가 대장이고 리더였기에 더 즐겁게 힘을 낼 수 있었다.

여행에서 돌아와서도 내가 아이들의 보스가 되려는 순간마다 햇볕이 뜨거웠던 그날, 바닷길을 걸으며 아이들과 했던 대장놀이를 떠올려 보았다. 모두가 함께 리더가 될 수 있기를 바라면서….

친구가 되기 위한
눈물

"친구도 만나고 미장원에도 가야 해서 모투에카Motueka에 갈 건데, 같이 가볼래요?"

에블린이 우리에게 물었다. 마침 특별한 계획이 없는 날이라 모투에카 구경도 할 겸 아이들과 따라나섰다.

넬슨에서 한 시간이 채 안 걸리는 모투에카에 도착하니 낮 12시쯤, 에블린은 대략 3시쯤 일이 끝날 것 같다고 했다. 나는 에블린에게 일이 끝나면 바로 문자를 달라고 했고, 우리는 아마도 그때쯤은 도서관 쪽에 가 있을 거라고 말했다.

에블린과 헤어져 모투에카 거리 구경을 하기 시작했다. 가장 번화가라고 할 수 있는 거리를 한 바퀴 도는 데 한 시간이면 충분할 정도로 작은 마을이었다. 점심도 먹고 거리 구경도 하면서 우리가 가장 오래 머무른 곳은 중고 가게. 뉴질랜드의 다른 지역들처럼 작은 모투에카 시내에도 중고 가게가 여럿 있었다. 은이가 바닷가에서 입으면 어울릴 원피스가 3달러, 잘 때 신으면 따뜻할 것 같은 털실로 짠 양말이 1달러, 영어 공부하기에 좋은 얇은 동화책 한 권이 1달러, 이렇게 5달러로 모두가 행복해졌다. 그렇게 시간을 보내고도 2시가 채 안 되었다.

도서관 쪽으로 가보니 바로 옆에 슈퍼마켓이 있었다. 차 없이는 장보기가 힘들어서 에블린의 차가 있을 때 먹을거리를 사두어야겠다는 생각이 들었다. 슈퍼마켓에 들어가 장을 보면서도 수시로 스마트폰을 꺼내 문자 메시지를 확인했다. 에블린의 문자가 오면 바로 도서관 쪽으로 갈 참이었다.

이것저것 사고 나니 3시가 거의 다 되었다. 계산대에서 차례를 기다리던 중에 에블린의 문자가 왔다. 지금 도서관인데 우리를 못 찾겠다는 내용이었다. 나는 슈퍼마켓에 있다고 얼른 답장을 보냈고, 에블린은 슈퍼마켓에 금방 나타났다.

나는 에블린에게 머리를 예쁘게 잘랐다고 웃으며 칭찬해주었지만 에블린의 얼굴은 굳어 있었다. 늘 웃고 친절했던 모습과는 영 딴판이라 당황스러웠다. 에블린의 차에 타서도 마음속에는 돌덩이가 든 것처럼 무거웠고, 아이들도 분위기를 파악했는지 말없이 앉아 있었다. 잠시 뒤, 에블린이 입을 열었다.

"화내서 미안해요."

나도 용기를 내서 속에 있던 말을 꺼냈다.

"왜 그렇게 화를 내는지 이해할 수가 없어요. 나는 연락이 오길 기다렸고, 문자가 오면 도서관으로 가려고 했어요. 도서관이 바로 옆이니까요."

"거기에 있을 거라고 생각하고 갔는데, 없으니까 갑자기 화가 났어요."

그렇게 이야기를 나누었지만 내 마음은 풀리질 않았다. 속상한 마음을 가눌 수 없었다. 집에 도착해서 에블린은 다시 미안하다는 말을 했다. 순간 참았던 눈물이 터져 나왔다.

"그렇게 갑자기 화를 내니까 나도, 아이들도 마음이 너무 불편했어요."

"나는 당연히 도서관에 있을 거라고 생각하고 갔는데 당신이 없어서 기분이 안 좋았어요. 우린 서로 생각하는 게 달랐던 거예요."

"그럼, 화내기 전에 먼저 대화로 오해를 풀 수도 있었잖아요."

"서로 같이 지내는 연습을 한 거라고 생각하면 좋겠어요. 나는 뉴질랜드 사람이고, 당신은 한국 사람이에요. 서로 다른 게 많잖아요. 오늘 일은 정말 미안해요."

울음을 참으려 했지만 계속 눈물이 났다. 그런 나를 보며 에블린도 울 것 같은 표정을 지었다.

"당신이 우는 걸 보니 나도 눈물이 나려고 하잖아요. 이제 마음 풀었으면 좋겠어요."

"알아요. 하지만 나는 시간이 좀 필요해요."

"내가 한 번 안아줘도 될까요?"

에블린은 그 말을 하면서 나를 꼭 껴안았다. 나도 에블린을 안고 나머지 눈물을 흘렸다. 왜 그렇게 눈물이 났을까? 낯선 곳, 낯선 집에서 이것저것 신경 쓰며 지내느라 힘들었던 것까지 한꺼번에 다

터져 나왔는지도 모른다.

    다음 날, 에블린은 생일을 맞은 친구와 함께 보내기 위해 1박 2일 동안 여행을 떠났다. 잠시 떨어져 지내면서 내 마음도 조금 편해졌고, 에블린이 돌아왔을 땐 다시 웃을 수 있었다. 비가 내린 후 땅이 더 단단해진다고 하던가. 그 뒤로 에블린과 우리는 더 잘 지냈다. 서로 오해가 생기지 않게 확인할 것은 다시 한 번 짚어보고 넘어갔다.

    그런데 얼마 뒤, 에블린과 함께 눈물을 흘린 일이 또 생겼다.

    어느 날 에블린이 문자를 확인하더니 "오…" 하면서 얼굴 표정이 어두워졌다. 친구가 뇌졸중으로 쓰러졌는데, 가망이 거의 없는 것 같다고 했다. 서른다섯 살밖에 안 되고, 어린 아들딸도 있다면서 안타까워했다. 아이를 둔 엄마라고 하니, 내 마음도 아팠다.

    에블린은 거실 소파에 멍하니 앉아 있었다. 한참 뒤 에블린이 일어섰을 때에는 눈물을 흘리고 있었다. 너무 마음이 아프다면서 우는 에블린을 보니, 나도 눈물이 났다. 나는 에블린을 가만히 안아주었다. 짧은 영어 실력으로 무슨 말을 어떻게 해야 할지 몰라서 그냥 그렇게 내 마음을 표현했다.

    이렇게 함께 울고 서로 다독이며 에블린과 나는 더 가까워진 느낌이 들었다. 우리가 함께 흘렸던 눈물은 친구가 되기 위한 눈물이었을까?

아빠의 깜짝 먹방

집을 비울 때마다 가장 걱정되는 건 식구들의 끼니다. 회의나 자원봉사 활동이 있어 저녁에 집을 비우는 날이면 아이들이 먹을 밥을 미리 지어놓아야 마음이 놓인다.

뉴질랜드 여행을 떠나면서도 가장 큰 걱정은 남편의 밥이었다. 평일에는 주로 회사에서 먹으니 그래도 괜찮지만, 집에서 챙겨 먹어야 하는 주말이 걱정스러웠다.

평일에 남편은 아침만 집에서 먹고 밤늦게까지 일하는 날이 대부분이라 저녁에는 밥을 같이 먹지 못할 때가 많았다. '식구'를 한자로 쓰면 밥 식食, 입 구口. 밥을 같이 먹는 사람을 뜻한다. 저녁 없는 삶을 사는 대한민국 직장인들에겐 밥 같이 먹는 '식구'되기도 참 힘들다. 그래도 남편은 주말에는 밥을 같이 먹으니 '주말 식구'가 되곤 했다. 주말이면 삼시 세끼를 계속 차려야 해서 몸은 고되었지만, 모두가 둘러앉아 밥을 먹는 '식구'가 될 수 있어 마음은 흐뭇했다.

집에 혼자 있을 때 남편은 알아서 먹을 테니 걱정 말라고 하지만, 나는 뭐라도 준비해놓지 않으면 마음이 편하지 않았다. 남편은 입맛이 까다롭지 않아 아무거나 잘 먹긴 하는데, 요리하는 걸 별로 좋아하지 않는다.

내 소원 중 하나는 남편이 요리를 하는 것이다. 남편이 해준 요리를 먹고 싶다거나 내가 편해지고 싶어서가 아니다. 먼 훗날 내가 밥을 못 해줄 상황이 생기거나 무슨 일이 생겼을 때도 남편 스스로 잘 먹고 지낼 수 있기를 바라기 때문이다. 하지만 남편은 간단한 요리라도 별로 내켜하지 않았다. 나는 언젠가는 남편의 마음이 바뀌는 날이 오겠지 하면서 기다릴 뿐이다.

긴 여행을 하면서 아이들은 주말을 손꼽아 기다렸다. 아빠와 화상 통화를 할 수 있기 때문이었다. 서머 타임 Summer Time, 여름철에 표준시보다 한 시간 앞당긴 시간을 적용하는 제도을 실시하는 뉴질랜드의 여름은 우리나라와 네 시간의 시차가 있었다. 남편이 일을 마치고 집에 돌아오는 밤 10시쯤이면 뉴질랜드는 다들 곤히 잠든 새벽 2시. 평일에는 통화 시간이 잘 맞지 않았다.

기다리던 주말이 오면 아이들은 아빠랑 화상 통화부터 했다. 그동안 있었던 일도 이야기하고, 지내고 있는 숙소도 보여주면서 아빠와 즐거운 시간을 보냈다. 그럴 때마다 준이는 아빠에게 먹는 모습을 꼭 보여 달라고 했다. 언젠가부터 인기를 끌고 있는 '먹방먹는 방송'을 아빠에게도 보여달라고 한 것이다. 아이들도 아빠가 집에서 밥을 제대로 먹고 있는지 걱정되었나 보다. 하지만 아빠는 잘 먹고 있으니 걱정 말라는 말뿐이었다.

　전날 힘든 트래킹을 마치고 민박집에서 푹 쉬기로 한 어느 날, 아이들은 배가 고프다면서 자기들끼리 부엌으로 갔다. 집에서도 준이는 출출할 때면 부엌에 있는 재료들로 뚝딱뚝딱 신기한 음식들을 만들어먹곤 했다. 하루는 뭔가를 만들어왔는데, 요리 이름이 '계란 이불을 덮은 귤 겉절이 그라탕'이라고 했다. 반찬으로 먹고 남은 겉절이를 밥과 함께 비빈 후 귤을 넣고 치즈를 뿌린 다음 그 위에 계란 프라이를 올린, 생전 처음 보는 요리였다. 재료의 조합은 좀 이상했지만 맛은 의외로 괜찮아서 같이 맛있게 먹었던 기억이 난다. 그날은 중고 가게에서 1달러를 주고 산 요리책을 찾아 꺼내더니 스파게티를 만들어보겠다고 했다. 나는 도대체 무슨 요리가 탄생할지 기대하며 지켜보기로 했다.

　준이는 냉장고에서 우리가 사둔 음식 재료들을 이것저것 꺼냈고, 은이는 영어 요리책을 보다가 이해가 잘되지 않는 부분을 나한테 물으러왔다. 뉴질랜드를 여행하면서 아이들은 〈마스터 셰프〉라는 요리 프로그램을 즐겨 보았는데, 실력은 어림없지만 진지함만은 그 프로그램에 나오는 요리사들 못지않았다.

　오랜 기다림 끝에 드디어 스파게티가 식탁에 올라왔다. 원래는 하얀 크림소스로 만드는 까르보나라 요리법을 보면서 만든 것 같은데, 완성된 스파게티는 붉은빛을 띠고 있었다. 마침 토마토소스만 있어서 빨간 까르보나라를 만들었다고 했다. 스파게티 위에는 뜬금없이 브로콜리 가루도 뿌려져 있었다. 요리책에서 파슬리를 뿌리라고 했다는데, 파슬리가 없어 준이는 브로콜리를 잘게 부수어서 뿌렸다고 했다. 때깔까지 나름 신경을 쓴 모습에 웃음이 났다. 먹어보니 국수도 적당히 삶아졌고, 맛도 나쁘지 않았다.

"음~ 맛있네. 어딜 가서도 굶지는 않겠구나."

나는 배가 고파서 얼른 먹자고 했다.

"잠깐만요!"

아이들은 먹기 전에 아빠에게 보여줘야 한다고 했다. 바로 화상 전화를 걸었다. 마침 토요일이라, 한국의 아빠도 일어나 있을 시간이었다. 아빠가 화면에 나타나자 아이들은 직접 만든 스파게티를 자랑했다. 그러고는 맛있게 먹는 모습도 보여주었다. 남편은 아직 잠이 덜 깬 듯한 눈이었지만, 아이들이 만든 스파게티를 칭찬하면서 부러워했다.

"이제 아빠도 아침 먹는 모습을 보여주세요."

준이의 말에 남편은 더 자야겠다며 갑자기 졸린 표정을 지었다. 곤란한 상황을 피하려는 눈치였다. 남편은 손을 흔들며 화면에서 사라져버렸고, 아이들은 실망하는 표정이었다. 나는 아빠가 피곤한데 우리가 너무 일찍 깨운 것 같다고 하면서 아이들을 다독였다.

그렇게 화상 통화를 끝내고 한 시간쯤 지났을까, 웬일인지 남편한테서 다시 화상 전화가 걸려왔다. 화면을 켜보니 남편 앞에는 카레를 얹은 밥과 김치가 보란 듯이 놓여 있었다. 뜻밖의 반전에 우리는 웃음을 터뜨렸다. 남편은 의기양양하게 밥을 숟가락 가득 떠서 먹는 걸 보여주었다. 밥에 김치도 얹어 먹었다. 그 모습을 보니 집에 있는 김장 김치 생각이 간절하게 났다. 그렇게 아이들도, 나도 집에 혼자 있는 아빠의 끼니를 걱정하던 마음이 어느덧 사라졌다.

아빠가 밥을 다 먹는 걸 보더니 아이들은 집에 귤이 있는지 물었다. 남편은 바로 냉장고에서 귤을 가져와 까먹는 걸 보여주었다. 뉴질랜드에도 귤이 있기는 한데 어찌나 시고 딱딱한지, 말랑말랑하고 달콤한 한국의 귤이 그리웠다. 남편이 귤을 맛있게 먹는 걸 보니 입안에 절로 침이 고였다. 당장 달려가서 같이 먹고 싶을 정도였다.

  밥부터 후식까지, 우리 모두를 기쁘게 한 아빠의 깜짝 먹방! 비록 몸은 북반구와 남반구로 멀리 떨어져 있어도 이렇게 우리는 밥을 같이 먹는 '식구'였다.

부엌에 있는 재료로 뚝딱뚝딱,
직접 스파게티를 만드는 아이들

엄마의 비밀 하루

 넬슨 엽서에 꼭 빠지지 않는 풍경 중 하나가 크라이스트처치 대성당이다. 남섬에서 가장 큰 도시인 크라이스트처치와 이름이 같은 이 대성당은 높은 언덕 위에 위치한 데다가 35미터 높이의 종탑까지 붙어 있어서 넬슨 시내 어디를 가도 탑의 꼭대기가 보였다. 길치인 나는 길을 헤맬 때마다 그 종탑의 꼭대기를 보고 방향을 가늠하기도 했다.

 아이들과 시내에 나갔다가 들른 대성당에서 그다음 주 화요일에 피아노 연주회를 연다는 안내문을 우연히 보았다. 클래식 음악을 좋아하는 내게는 솔깃한 소식이었다. 또 평일이라 아이들이 방학 프로그램에 가 있는 동안 호젓하게 혼자 즐길 수 있는 피아노 연주회라니, 갑자기 마음이 설렜다.

 화요일 아침, 아이들 점심 도시락을 싸느라 그날도 분주했다. 나는 볶음밥에 단무지를 잘게 썰어 넣고 김밥을 만들었다. 내가 제일 자신 없고 어려워하는 요리가 김밥이다. 김을 잘 말아 싸도 자꾸 옆구리가 터지거나, 속 재료들이 한쪽으로 쏠려 있다. 그래서 생각해낸 게 볶음밥으로 만든 초간단 김밥이다. 김밥과 과일을 적당한 크기로 잘라 작은 통에 담았다. 이만하면 아이들의 배를 오후까지 든든하게 채워주겠다 싶어서 뿌듯했다.

나는 부랴부랴 아이들을 커뮤니티센터에 데려다준 다음, 버스를 타러 헐레벌떡 달려갔다. 뜸하게 다니는 버스라 한 번 놓치면 한 시간을 더 기다려야 했다. 9시 12분, 정확하게 시간 맞춰 버스가 왔다. 나만을 위한 하루의 시작이었다.

시내에 가려면 넘실대는 푸른 바다를 낀 도로를 지나가야 했다. 넬슨에 처음 왔을 때 이 길을 지나면서 탄성을 질렀다. 밀물 때면 거의 도로 높이까지 바닷물이 가득 차올라 마치 바다를 가르면서 달리는 느낌이 든다. 써니 시티답게 하루 종일 햇볕에 반짝이는 바다도 얼마나 예쁜지! 그날은 더 눈이 부셨다.

시내에 도착해서 느릿느릿 구경을 시작했다. 아이들과 다닐 때에는 눈에 잘 띄지 않던 작은 갤러리나 수공예품점도 보였다. 넬슨은 인구 5만 명이 채 안 되는 작은 도시지만, 뉴질랜드에서 인구당 아티스트 비율이 가장 높은 곳이라고 한다. 늘 햇빛 가득한 넬슨의 날씨도 한몫하는 것일까? 아름다운 프로방스의 자연 속에서 고흐, 세잔, 마티스 같은 인상파 화가들의 수많은 걸작이 탄생한 것처럼 이곳 작가들도 넬슨의 자연에서 영감을 얻고 있는 것 같다.

시내 구경에는 중고 가게도 빠질 수가 없다. 중고 가게에 갈 때마다 자기가 좋아하는 것만 보고는 빨리 나가자고 하는 아이들 때문에 제대로 볼 수가 없었다. 이번엔 내가 좋아하는 것들도 천천히 구경했다. 1, 2달러에 살 수 있는 그릇들도 어찌나 많은지, 짐을 끌고 다녀야 하는 여행자가 아니라면 싸고 예쁜 그릇들을 마음껏 살 텐데 아쉬웠다.

여기저기 다니다 보니 배가 고팠다. 길가에 작은 인도 레스토랑이 보였다. 10달러 내외로 먹을 수 있는 점심 메뉴가 있었다. 그동안 피시 앤 칩스Fish & Chips나 테이크아웃 음식들을 사서 먹은 적은 있지만 음식점에 들어가서 먹은 적은 없었다. 음식점에서 먹으면 메뉴 하나에 최소 15달러 이상, 셋이면 한 끼에 최소 50달러를 써야 했다. 호주머니 사정이 빠듯한 배낭 여행자로선 아낄 수 있는 건 아껴야 했기에, 아침저녁은 숙소에서 해먹고 점심은 주먹밥이나 샌드위치를 싸가지고 다니곤 했다.

혼자 점심값으로 10달러면 사먹을 만했다. 나는 탄두리 치킨인도식 닭요리과 샐러드 메뉴를 주문했다. 배가 고파서 다 먹긴 했지만, 맛은 별로였다. 치킨은 퍽퍽했고, 샐러드 채소는 신선하지 않았으며, 양배추는 씁쓸한 맛이 났다.

"역시 웬만한 음식점보다는 재료 사서 직접 만들어먹는 게 더 푸짐하고 맛있어."

이렇게 또 나는 아줌마스러운 생각을 하고 말았다.

점심을 먹고 시계를 보니 음악회 시간이 얼마 남지 않았다. 그 사이에 나는 어디가 어디인지 방향을 또 잃어버렸다. 멀리 대성당의 종탑 꼭대기가 보였다. 대성당으로 올라가는 긴 계단을 헉헉거리며

/ 웅장하고 오래된 성당에서 열린 경쾌한 음악회

올라가니 음악회는 막 시작한 참이었고 자리는 거의 꽉 차 있었다.

나는 살금살금 걸어 빈자리를 찾아 앉았다. 남녀 두 명의 피아니스트가 한 대의 피아노를 같이 연주하고 있었다. 모차르트의 소나타를 네 손으로 경쾌하게 연주하는 중년의 피아니스트들. 남자는 티셔츠, 여자는 편안해 보이는 원피스 차림이었다. 연주자의 복장으로는 까만 정장 드레스를 흔히 떠올리는데, 그 수수한 모습이 참 신선해 보였다. 웅장하고 오래된 성당에서 열린 음악회의 무거운 느낌도 그들의 옷차림처럼 경쾌해지는 것 같았다. 한 곡이 끝날 때마다 남자 연주자는 마이크를 잡고 다음 곡을 설명했다. 동네에서 지나가다 마주치면 "헬로!" 하면서 인사할 것 같은 소탈한 아저씨의 모습이었다. 말이 너무 빨라 잘 알아들을 수는 없었지만, 사람들이 하하 호호 웃는 걸 보니 설명도 재미있게 하는 것 같았다.

아름다운 피아노 소리를 들으며 "아, 정말 좋다!" 하는 작은 탄성이 내 안에서 울려 퍼졌다. 연주회가 끝나고 나는 그날 누린 작은 사치에 감사하며 성당을 나섰다.

집으로 돌아가는 길. 바다는 아직도 꽉 차게 넘실거렸고, 내 마음도 덩달아 넘실거렸다. 늘 아이들과 함께 다니는 여행에서 혼자만 오롯이 즐긴 하루는 행복한 일탈이었다.

그날, 아이들이 물었다.

"엄마, 오늘 뭐했어요?"

나는 빙긋이 웃기만 했다.

'엄마의 오늘 하루는 비밀이야!'

나를 위한
3분의 1

mom's note

엄마들에게 생활의 중심은 아이다. 엄마들이 모여도 다 아이 이야기뿐, 아이에게 모든 것을 맞춰서 살다 보니 엄마들 자신의 이야기는 어디론가 묻혀버리고 만다.

하지만 아이에게 너무 많은 것을 해주려 하다 보면 아이가 원하지 않는 것들도 억지로 시키게 된다. 부모는 부모대로 힘들고, 아이는 아이대로 힘들고…. 또 부모의 삶이 공허할수록 아이를 더 소유하려 하고, 아이를 통해 부모의 욕심을 채우려 하기 쉽다.

준이가 초등학교 5학년 때, '내가 소중한 사람인 이유는?'이라는 주제로 쓴 글을 본 적이 있다.

내가 소중한 첫 번째 이유는 엄마가 가끔 쓰시는 말처럼, 나는 세상에서 하나밖에 없는 존재이기 때문이다. 세상에는 똑같은 사람이 나올 수 없고, 성격이나 외모 등이 조금이라도 다를 수 있다.

내가 소중한 두 번째 이유는 가족을 행복하게 만들어주기 때문이다. 물론 친구들과 주변 사람들까지도 말이다. 가족은 살아가면서 큰 힘이 된다. 가족 중에 누군가가 없으면 불행할 것이다. 사람은 주변 사람의 힘이 되어서 행복하게 만들어주는 역할을 한다.

마지막으로 세 번째 이유는 사람들이 사회를 발전시키기 때문이다.

나도 커서 사회를 발전시킬 사람이기 때문에 내가 중요하고 소중하다.

아이의 글은 나에게도 잔잔한 깨달음을 주었다. 나도 나의 존재 이유를 '나, 가족, 사회' 이렇게 나누어 생각해보았다. 나의 3분의 1은 나 자신을 위해, 또 3분의 1은 아이와 가족들을 위해, 나머지 3분의 1은 작은 것이라도 사회에 보탬이 되는 일에 나누어보기로 했다.

그렇게 나눌 수만 있다면 아이에 대한 지나친 기대나 헛된 욕심도 덜 수 있을 테고, 나 자신이나 사회를 위해 더 의미 있는 시간을 보낼 수 있지 않을까? 부모가 자신의 인생을 찾아 열심히 사는 모습을 보면서 아이도 더 씩씩하게 커나갈 수 있을 것이다.

나를 위한 3분의 1을 한껏 누린 넬슨에서의 어느 하루. 가득 채운 만큼 앞으로는 더 즐겁게 나누면서 지낼 수 있으리라.

다 같이 갈등 풀고
바다로 풍덩!

일심동체—心同體라는 부부도 같이 살다 보면 마음이 한데 모아지지 않고 서로 갈릴 때가 많다. 그럴 때마다 싸울 수만은 없으니 양보할 건 양보하고, 포기할 건 포기하면서 부부는 같이 사는 연습을 한다. 한 뱃속에서 나온 아이들도 마찬가지다. 아이가 둘이다 보니 의견도 둘로 갈릴 때가 많다.

그날은 점심 먹고 뭘 할지에 대해 이야기를 나누고 있었다.

"우리 타후나누이 비치로 수영하러 갈래?"

준이는 좋다고 하는데, 은이는 가고 싶지 않다고 했다. 은이에게 왜 가고 싶지 않은지 물었다. 은이는 아침에 머리를 감았는데 또 감기 싫다고 대답했지만, 가기 싫다는 핑계인 듯했다.

"그럼 다녀와서 머리는 안 감고, 샤워만 하면 어때?"

나름 절충안을 내놓았지만 은이는 그래도 귀찮다고 했다. 준이는 계속 가고 싶다고 하고, 은이는 가기 싫은데 자꾸 가자고 하니 입이 삐죽 나왔다.

"그럼, 수영은 안 하고 산책만 하면 어떨까? 아니면 집에 혼자 남아 너 하고 싶은 일 하고 있을래?"

나는 계속 어설픈 타협안을 내놓았지만 은이는 다 내켜하질 않았다.

"그럼, 뭐하고 싶어?"

이것도 저것도 다 싫다고 하니 내 말에도 짜증이 묻어났다. 은이는 "몰라" 하면서 방으로 들어가 버렸다. 점심 설거지를 마치고 방으로 가보니, 토라져서 누워 있던 은이가 잠들어 있었다.

"우리, 바다 못 가는 거야?"

준이는 실망한 표정을 지었다.

휴…, 이렇게 의견이 엇갈릴 때마다 두 아이 모두를 만족시키는 일이 너무도 힘들었다. 나는 울적한 마음에 노트북을 펼쳤다. 아이와의 의견 충돌을 푸는 법에 대해 쓴 한 인터넷 글이 눈에 들어왔다. 준이도 불러서 함께 읽어보았다. 갈등 해소 방법에는 어느 한쪽이 이기는 방법과 둘 다 이기는 방법이 있는데, 바람직한 것은 둘 다 이기는 것이라고 했다. 어느 한쪽 방향으로 결론이 나더라도 누군가 졌다는 기분이 들지 않도록 하는 게 중요한데, 늘 부모가 원하는 방향으로만 해결하면 아이는 늘 무시당한다고 느낀다는 것이다. 반대로 늘 아이가 하고 싶은 대로만 해준다면 아이는 해야 할 것과 하지 말아야 할 것을 구분하지 못하고 자기 마음대로만 하는, 버릇없는 아이가 될 수도 있다는 것이다.

그래서 준이와 함께 찾아낸 갈등 해결 방법을 정리하면 다음과 같다.

먼저 서로의 이야기 들어주기! 이때 서로가 원하는 것이 무엇인지, 원하지 않는 것은 무엇인지, 필요한 게 무엇인지 적극적으로 잘 들어주어야 한다. 이렇게 갈등 상황이 파악되면 그다음은 해결 방법 찾기! 어떻게 하면 좋을지 각자 의견을 자유롭게 내보는 것이다. 이때는 아이가 먼저 의견을 내도록 하고, 그 의견이 맞지 않더라도 부모는 바로 뭐라고 하지 말고 꾹 참고 들어야 한다. 이 내용을 보면서 준이랑 나는 웃었다.

"거 봐요, 엄마는 꾹 참아야 한다니까요!"

"아이쿠, 알겠다, 알겠어!"

그런 다음에는 의견들 중에서 가장 좋은 의견을 같이 골라야 한다. 결국은 한 가지를 선택해야 하지만, 서로에게 귀를 기울이면서 이해하고 존중하는 분위기가 만들어졌기 때문에 여러 사람이 만족하는 방법을 전보다 쉽게 찾을 수 있다. 그리고 뭔가가 결정되면, 어떻게 실천할지 같이 의논하게 된다. 이런 과정을 거치면 모두 함께 만족하게 된다고 한다.

"그래, 이렇게 해보면 되겠네!"

우리는 무릎을 탁 쳤다. 어떻게 보면 아주 새롭거나 대단한 방법은 아니다. 하지만 '문제를 풀어가는 과정을 함께하는 과정'이 얼마나 중요한지 새삼 느낄 수 있었다.

아이가 커갈수록 부모가 말하는 것을 그대로 받아들이지 않으려고 한다. 내가 제시한 답이 명백하게 맞는 것인데도 아이가 아니라고 우기면 울컥 화가 날 때가 많다. 하지만 그런 아이의 모습은 독립된 한 사람으로 자기주장을 갖고 커가는 과정이라고 한다. 그래서 더더욱 부모와 아이가 대화를 통해 둘 다 만족하는 답을 함께 찾아가는 과정이 중요하다. 그렇게 된다면 자신이 원하지 않았던 방향으로 결론이 나더라도 아이는 졌다는 생각이 들지 않고, 모두 함께 이 문제를 풀었다는 생각을 할 수 있게 되는 것이다.

우리는 얼른 은이부터 깨웠다. 무슨 대단한 거라도 발견한 듯 신이 나서 은이에게 우리가 찾아서 공부한 내용을 이야기해주었다.

"우리도 이렇게 해결 방법을 찾아볼래?"

잠에서 막 깬 은이는 얼떨떨해했지만, 곧 관심을 보였다.

"자, 이제 각자가 원하는 걸 말해보자. 그리고 하고 싶지 않은 것도 말하고."

우리는 한참 동안 의견을 나누었다. 처음보다 분위기가 좋아서인지 대화는 순조롭게 이어졌다. 그리고 드디어 모두가 동의하는 결론을 얻었다.

**준이는 바다에서 하고 싶은 수영을 하고,
은이는 바닷가 산책을 하면서 발만 담근다!**

준이는 혼자 수영하는 건 싫지만, 모두 같이 해변으로 나가는 걸로 만족한다고 했다. 은이는 혼자 집에 있기는 싫으니 같이 나가되, 가봐서 수영은 할 수도 있고 안 할 수도 있다는 것까지 이야기가 되었다.

뭐 그리 대단한 결론은 아니지만 서로의 생각을 들어보고, 다 같이 만족할 수 있는 방법을 찾는 과정에서 다시 웃을 수 있었다. 은이와 나는 수영할 경우를 대비해 원피스 안에 수영복을 받쳐 입고 집을 나섰다.

해변에 도착하니 가족들과 함께 온 현지 사람들이 곳곳에 자리를 펴고 햇볕을 즐기고 있었다. 준이가 먼저 바닷물에 발을 담갔다. "앗, 차가워!" 뉴질랜드 바다는 여름철에도 따뜻하지 않았다. 그래도 준이는 바닷물에 풍덩 뛰어들었다. 너무 차가워서인지, 아니면 좋아서인지 준이는 "꺄악!" 하면서 신나게 웃었다.

"나도 한번 들어가 볼까?"

은이는 망설이는 눈치였다. 나도 발을 살짝 담가보았는데 정말 차가웠다. 추운 건 딱 질색이라 바다를 보고도 들어갈 엄두가 나질 않았다.

"엄마, 들어와 봐. 들어오면 안 추워요!"

준이가 물속에서 나를 불렀다. 엄마의 솔선수범이 필요한 때! 나는 세상에서 가장 싫어하는 추위도 무릅쓰고 바다로 뛰어들었다. 오래 생각하면 더 들어가기 힘들 것 같아 눈을 질끈 감고 단숨에 풍덩~. 물속은 이가 덜덜 떨릴 정도였지만, 나도 모르게 웃음이 터져 나왔다. 은이도 나를 보더니 바다로 풍덩~.

우리 셋은 바다에서 정말 신나게 놀았다. 가만히 있으면 추워져 일부러 팡팡 뛰어보기도 하고, 아이들을 안고 빙빙 돌기도 했다. 바다에 갈 것인가, 말 것인가로 심각했던 분위기가 다 같이 바다에 뛰어드는 해피엔딩으로 마무리! 무엇보다 모두가 만족스럽게 해결한 게 기뻤다. 추위도 잊을 정도로.

신나게 놀아야
창의적이 된다고?

여행하면서 생긴 좋은 변화 중 하나는 스마트폰에서 자유로워진 것. 일상에서는 늘 끼고 살던 스마트폰을 훨씬 덜 들여다보게 된다. 여행할 때에는 메일을 확인할 때나 지도를 볼 때만 가끔씩 스마트폰을 찾곤 한다.

스마트폰을 가진 아이들이 점점 많아지고 있다. 학년이 올라갈수록 한 반에 스마트폰 없는 아이들이 손꼽을 정도라고 한다. 중학생이 된 은이는 같은 반에서 스마트폰 없는 학생이 자기를 포함해 딱 두 명이라고 했다. 언젠가 우리 집에 준이 친구들이 놀러왔었다. 그런데 소파에 나란히 앉아 다들 각자의 스마트폰을 들여다보면서 게임을 하는 게 아닌가. 친구랑 노는 것보다 기계랑 노는 게 더 재미있는 세상이 되었다니, 참 서글펐다.

식구들이 모일 때에도 같은 풍경이 펼쳐지곤 한다. 어떤 식당에 갔을 때였다. 우리 옆자리에 한 가족이 앉아 있었는데, 아빠, 엄마, 그리고 중학생쯤 되어 보이는 아들은 각자 스마트폰을 보면서 음식을 먹었다. 스마트폰과는 열심히 소통하고 있었지만, 가족끼리는 아무 대화도 없었다.

아이들이 스마트폰을 사달라고 조를 때마다 내 대답은 한결같다.

"스마트폰은 좋은 점보다 안 좋은 점이 더 많아. 너희한테 아직 꼭 필요한 것도 아니고."

어른들도 스마트폰을 가지고 있으면 자꾸 들여다보게 되고, 절제가 힘들다. 게다가 아이들은 한창 다양한 경험을 해야 할 때인데 스마트폰에 빠지면 다른 걸 할 시간이 없다. 스마트폰이 없으면 훨씬 더 창의적으로 살 수 있다는 걸 느낀 일화가 하나 있다.

어느 가을, 아이들과 함께 서울을 둘러싼 '한양 도성길'을 완주하기 위해 매주 일요일마다 몇 시간씩 걸은 적이 있었다. 걷다가 잠깐씩 멈춰 쉴 때, 준이는 내 스마트폰을 달라고 했다. 나는 이렇게 경치 좋은 데까지 와서 스마트폰을 봐야겠냐고 하면서 주질 않았다. 스마트폰을 못 얻어 시무룩해진 준이는 성벽 위에 떨어진 낙엽을 만지작거리고 있었다.

"뭐해?"

내가 물었다.

"낙엽 가지고 그림 그리는 거야. 심심해서."

아닌 게 아니라 준이의 손끝에서 색색의 낙엽들이 얼굴과 머리, 몸, 그리고 사람으로 만들어지고 있었다. 낙엽 그림은 꽤 그럴 듯했다. 스마트폰이 있는 세상은 심심할 틈이 없다. 그날 낙엽 그림을 그

준이의 손끝에서 탄생한 색색의 낙엽 그림

렸던 준이처럼 심심해야 창의적인 것도 해보고, 자연도 좀 둘러보고 할 텐데 말이다.

21세기 들어 유난히 많이 들리는 말 중 하나가 바로 창의성이다. 예전에는 답이 정해져 있는 문제를 푸는 능력만 있어도 괜찮았지만, 이제는 새로운 답을 창의적으로 찾는 문제 해결력이 중요한 시대가 된 것이다. 이처럼 예측불허의 사회를 살아가기 위해서도, 새로운 일을 개척해나가기 위해서도, 또 남과는 다른 나만의 개성 있는 인생을 살아가기 위해서도 창의성은 꼭 필요하다.

하지만 창의성이 중요하다고 말만 할 뿐 어디서, 어떻게 창의성을 기를 수 있을지에 대해선 답을 못 찾겠다. 암기 위주의 틀에 박힌 학교 공부는 창의성과는 거리가 멀다. 중학생 딸의 시험지를 들여다보아도 거의 다 배운 내용을 달달달 외워야 잘 풀 수 있는 문제들뿐이다.

창의성을 기르기 어려운 중·고등학교의 교육환경은 대학에 가면 나아지리라 생각했던 것은 헛된 기대였을까? 한 다큐멘터리에서 본 서울대 A학점의 비결은 실망을 넘어서 충격이었다. 서울대 A학점의 비결은 정말 간단했다. 교수의 수업 내용을 토씨 하나 빼놓지 않고 받아 적고, 그 내용을 그대로 외워 답안에 쓰는 것이었다. 생각을 하거나 의문을 갖지 않는 것도 서울대 최우등생의 A학점 비결이었다. 우리나라 최고의 대학이라는 곳에서도 중·고등학교 때 공부하던 방식과 하나도 달라진 게 없었다.

아이들과 함께 본 영화 〈세 얼간이〉가 떠오른다. 대학 신입생들의 첫 수업시간에 교수는 "기계란 무엇인가"라는 질문을 한다. 자신의 생각을 독창적으로 훌륭하게 말했던 주인공의 답에 교수는 인상을 찌푸리고, 책에 있는 내용을 기계처럼 똑같이 외워서 말했던 학생에게는 훌륭하다고 칭찬한다.

"무턱대고 딱딱한 정의를 머릿속에 집어넣는 게 중요한가요?"

영화 주인공은 교수에게 묻는다.

"네가 책보다 똑똑하다고 생각하는 거니? 점수 잘 받고 싶으면 책에 있는 내용이나 제대로 써!"

교수는 이렇게 말하면서 그 학생을 교실에서 쫓아낸다. 영화 속 이야기만이 아니라 우리가 맞닥뜨린 현실도 그랬기에 더 공감했던 영화다. 그렇다면 아이들이 창의성을 기를 수 있는 가장 쉽고도 좋은 방법은 뭐가 있을까? 신나게 '놀기'에서 답을 찾아본다.

"노는 게 뭐 그리 대단한 일이라고?"

이렇게 생각할 수도 있지만, 사실 요즘 아이들의 생활을 보면 노는 것도 참 쉽지 않은 현실이다. 학교가 끝나면 학원 순례를 하느라 마땅히 놀 시간이 없는 아이들. 짬짬이 놀 시간이 생겨도 다들 스마트폰이며 컴퓨터 게임에 빠져 밖으로 통 나오질 않는다. 이러다가 아이들이 한데 어울려 뛰어노는 모습은 먼 과거의 일처럼 옛 사진이나 박물관에서만 볼 수 있게 되는 건 아닐까 싶다.

오죽하면 전국의 교육감들이 모여 '놀이 헌장'을 만들고, 서울시교육청에서도 '하루 놀이시간 100분 확보 프로젝트'를 실시한다고 한다. 수업 시작 전과 수업 사이에 쉬는 시간도 늘리고, 점심시간과 방과 후 약간의 시간까지 놀이시간으로 운영한다는 것이다.

전문가들은 공부만 한 아이들은 아는 건 많아도 환경에 잘 적응하지 못하거나 혼자만 놀려 하는 성향을 보인다면서, 스스로 재미를 찾아 창의성을 기르고 같이 놀면서 협력을 배울 수 있는 놀이의 장점을 찾아야 한다고 한다. 굳이 어렵고 거창하게 말하지 않아도 노는 건 좋은 거다. 아이들은 놀면서 커야 한다. 자유롭게 상상하고 놀면서 창의성도 기를 수 있으니 말이다.

여행에서 제일 좋은 점은 바로 맘껏 놀기. 매번 여행할 때마다 아이들이 신나게 노는 것만 봐도 여행을 잘 왔구나 싶어 흐뭇하다.

게다가 여행은 창의성을 기르기에 더없이 좋은 시간이다. 새로운 것들을 만나는 여행의 순간순간들은 아이들에게 신선한 자극이 된다. 뜻밖의 일들을 계속 마주하기에 끊임없이 새로운 답, 가보지 않은 길을 찾아야 하는 여행! 생각도, 행동도 저절로 창의적이 될 수밖에 없다.

아이들과 여행을 다녀왔는데도 아이의 창의성이 제자리걸음이라고 실망할 필요는 없다. 학교나 학원, 집에만 있는 것보다는 세상에 나가 더 많은 것을 보고 들으면서 아이들은 창의적으로 살게 될 씨앗과 양분을 얻은 것이다. 지금 당장은 아니더라도 언젠가 알맞은 햇빛과 물, 적당한 때와 환경을 만난다면 그 안에 품고 있던 여행의 경험들이 싹을 틔우고 열매를 맺으리라.

21세기의 최대 과제라는 창의성은 빡빡한 공부가 아니라 자유로운 놀이에서 답을 찾고 싶다. 그중에서도 여행하면서 놀기가 제일 신나는 답이 아닐까?

겉절이표 김치 외교

"이번에는 어떤 사람들일까?"

우리가 묵고 있는 민박집에 새 손님이 찾아왔다. 여행 가방을 들고 나타난 두 사람은 생각보다 나이가 많은 분들이었다. 덴마크에서 온 리차드와 키스턴. 곧 일흔 살이 된다는 노부부였다. 은퇴 후에도 일 년에 몇 달은 여행비를 벌기 위해 일한다는 노부부는 중국과 미얀마, 쿠바, 그린란드 등 전 세계 곳곳을 여행 다녔다고 했다.

리차드는 여행 사진들을 우리에게 보여주면서 한참 이야기를 풀어놓았다. 아무 계획 없이 쿠바에 갔다가 좋은 사람들을 만나 도움을 받았던 이야기, 그린란드에 가서 고래 껍질을 먹었던 이야기, 말이 전혀 안 통하는 미얀마에서 그림을 그려가며 한 시간 동안 현지인과 대화했던 이야기 등 정말 무궁무진했다. 그것도 모자라 내 이메일을 물어보더니, 여행 사진들을 더 보내주기도 했다.

"두 분이 건강하게 여행 다니시는 걸 보니 좋네요. 제 부모님을 생각하니 참 부러워요."

"우리도 이렇게 여행 다닐 수 있어서 운이 좋다고 생각해요."

두 분은 그렇게 말하면서 미소를 지었다.

다음 날, 함께 아침을 먹다가 나이 이야기가 나왔다.

"나이는 중요하지 않아요. 마음이 중요하지."

키스턴이 웃으며 말했다. 정말 그랬다. 일흔을 바라보는 키스턴과 50대 에블린, 그리고 40대인 나까지, 무려 30년 차를 훌쩍 뛰어넘어 친구처럼 이야기를 나누고 있었으니 말이다.

마침 그날은 매주 수요일마다 시장이 열리는 날이었다. 리차드 부부의 차를 얻어 타고 함께 나가보기로 했다. 인근 농장에서 직접 재배한 농산물을 농부들이 가지고 나와 파는 시장인 만큼 싱싱한 로컬 푸드지역에서 생산된 먹거리를 싸게 살 수 있었다.

시장에는 체리며 복숭아, 사과 같은 과일들과 유기농 채소들, 그리고 직접 만든 빵과 파스타 소스, 과일 잼이 있었다. 또 한쪽에는 근처 바다에서 잡아 올린 생선들도 팔고 있었다. 차가 없는 나는 장바구니의 무게를 생각해서 꼭 필요한 것들만 골라 담았다. 이것저것 사고 싶은 마음을 꾹꾹 누른 채 시장을 구경하고 있는데, 뭔가가 내 시선을 사로잡았다. 어느 가판대 아래 깊숙한 곳에 눈에 익은 배추가 보였다. 대형 마트나 아시안 상점에 가도 잘 보이지 않던, 바로 우리나라식 배추였다. 아주 크고 실한 게 슬쩍 봐도 속이 꽉 차 있을 것 같았다. 들고 가기엔 너무 컸지만 망설임 없이 3달러를 주고 덥석 샀다. 커다란 빵과 단호박, 키위, 우리나라 것보다 훨씬 큰 오

✓ 덴마크에서 온 리차드, 키스턴 부부와 함께

이와 가지, 그리고 배추와 우유까지, 장바구니가 한가득했다.

무거운 짐을 들고 간신히 버스를 탄 후 집 근처 정류장에 내렸다. 민박집에 가려면 급경사 오르막을 또 올라야 했다. 빈손으로 올라가도 중간 중간 쉬지 않고는 절대 오를 수 없는 가파른 오르막이었다. 햇볕은 따갑고 등에 멘 배낭과 양손에 든 짐은 무거웠지만 그 오르막을 오르면서도 배추 생각에 힘이 났다.

집에 도착하자마자 부엌으로 가서 배추부터 쫙 갈라보았다. 기대했던 것보다 속이 더 노랗고 꽉 차 있었다. 배추를 어떻게 먹어야 좋을지 궁리를 시작했다. 먼저 4등분을 했다. 제일 안쪽의 노란 속은 따로 챙겨두고 쌈장에 찍어먹기로 했다. 조금 시들고 상처 난 배추 겉잎들도 그냥 버릴 순 없었다. 한 잎 한 잎 떼어내서 깨끗이 씻은 다음 된장국에 넣고 끓이기 시작했다. 남은 배추로는 김치를 만들어보기로 했다.

한국에서 공수해간 고춧가루와 새우젓을 꺼냈다. 국물이 밖으로 샐까봐 가져올지 말지 고민했던 새우젓, 결국 작은 통에 넣은 후 비닐로 여러 겹 싸고 고무줄로 꽁꽁 묶어 뉴질랜드까지 갖고 왔는데, 그날 빛을 본 것이다.

먼저 배추를 소금에 절였다. 소금에 절이는 동안 그날 산 통마늘을 까서 으깼다. 그다음으로는 고춧가루에 다진 마늘과 새우젓을 섞고 민박집에 있던 태국산 피시 소스도 약간 넣어서 양념을 만들었다. 태국 음식에 많이 들어가는 피시 소스는 맛이 꼭 우리나라의 멸치액젓 같았다. 이 양념들을 절인 배추에 넣고 이리저리 뒤적이면서 골고루 섞었다. 사실 제대로 된 김치라기보다는 간단하게 해먹는 겉절이에 가까웠다. 하지만 외국 땅에서 구하기 힘든 재료로 만드니 그 마음만은 어느 김치 못지않았다.

"뭘 만들어요?"

리차드가 와서 물었다. 김치를 만들고 있다는 내 대답에 리차드는 덴마크의 한국 음식점에서 한번 맛본 적 있다면서 큰 관심을 보였다. 그러고는 김치 만드는 법을 배워야겠다며 키스턴을 불렀다. 키스턴은 재료 중에서 새우젓을 가리키며 뭐냐고 물었다.

"음~ 그러니까, 새우를 소금에 절인 거예요. 이런 걸 우리는 '젓갈'이라고 하는데, 김치 만들 때 넣어요. 젓갈은 새우 말고도 여러 가지 해산물을 소금에 절여서 만들 수 있답니다."

덴마크 노부부는 내가 무슨 대단한 한국 전통음식이라도 만드는 것처럼 눈을 반짝이며 지켜보았다. 갑자기 부담스러웠다. 혹시 이걸 제대로 만든 김치라고 생각할까봐 초간단 김치일 뿐이라고 거듭 강조했다. 그래도 이렇게 김치로 한국을 알릴 수 있다는 게 뿌듯했다. 이게 말로만 듣던 김치 외교?

아무튼 김치가 얼추 버무려지고, 준이가 먼저 맛을 보았다. 준이는 한 조각 집어먹더니 맛있다고 자꾸 먹었다. 여행하면서는 매운 음식을 먹을 기회가 드무니 맛있을 수밖에. 살짝 맛본 리차드도 엄지손가락을 치켜들었다. 키스턴은 매운 걸 잘 먹지 못한다고 해서 고춧가루가 아주 살짝 묻은 조각을 건네주었다. 그런데도 매웠나 보다. 김치 조각을 입에 넣자마자 부랴

부랴 물부터 찾았다. 얼굴까지 빨개질 정도였다.

나는 매울까 봐 김치와 밥을 접시에 같이 담아 리차드에게 주었다. 리차드는 덴마크에 가서도 한번 만들어봐야겠다고 하면서 고마워했다. 나는 엉터리 김치 요리법이 덴마크에 잘못 전해지면 어쩌나 싶었다. 그날 저녁 식탁은 진수성찬이 부럽지 않았다. 김치와 배추 된장국, 그리고 쌈장에 찍어 먹는 배추 속, 이렇게 배추 한 통으로 세상에서 가장 푸짐한 밥상을 차릴 수 있다니….

그 후, 뉴질랜드 여행을 마치고 한국으로 돌아왔을 때였다. 덴마크에서 리차드로부터 메일 한 통이 왔다. 리차드는 덴마크 신문에 한국 김치 요리법이 소개되었다고 하면서, 그 기사와 함께 내가 만들었던 김치 생각이 난다는 내용을 전해왔다. 나는 한국에 오면 어머니가 만든 진짜 맛있는 김치를 대접하겠노라고 답장을 보냈다.

리차드는 바로 "한국을 여행하려면 어느 계절이 제일 좋냐"고 물어왔다. 나는 어느 때나 다 좋지만, 10월을 권해주고 싶다고 했다. 파란 하늘과 곱게 물든 단풍을 볼 수 있어 내가 제일 좋아하는 달. 배추 속이 꽉 차고 맛있어지는 가을이기도 했다.

언젠가는 리차드와 키스턴이 한국을 찾아올 것 같다. 먼 나라에서도 한국에 오고 싶게 만드는 김치 맛, 한국인이라면 어딜 가더라도 그리운 김치 맛. 바로 매콤한 김치의 힘이 아닐까?

감탄 잘하는
러블리한 엄마

"엄마, 여기서는 사람들이 왜 그렇게 감탄을 많이 해요?"

러블리 Lovely!

원더풀 Wonderful!

와우 Wow!

어썸 Awesome!

쿨 Cool!

판타스틱 Fantastic!

굿 Good!

베리 나이스 Very nice!

아닌 게 아니라 내 귀에도 이런 표현들이 많이 들렸다. 그 단어의 뜻이 꼭 필요해서라기보다는 그저 감탄을 하기 위해 쓰는 것 같았다. 누군가를 만나서 내가 한국에서 왔고, 아이들과 여행 중이라는 이야기를 해도 "원더풀!", "러블리!"라는 말이 상대방의 입에서 터져 나왔다. 또 조금만 고마워도 이렇게 감탄사를 연발하며 요란스레 감사 표현을 했다.

여행을 하다 보니 나도 조금씩 그런 분위기에 맞추게 되었다. 다른 사람이 어떤 이야기를 할 때, 나도 무슨 말이라도 해야 할 것 같은 때가 종종 있다. 그럴 때 쓸 수 있는 게 감탄하며 장단 맞추기! 한국에서는 잘 하지 않던 감탄을 갑자기 하려니 너무나 어색했지만 말이다.

내가 즐겨 쓴 감탄사는 '러블리!'였다. 숙소에서 만난 다른 나라 여행자들이 여행 사진을 보여줄 때에도 '러블리!' 하면서 감탄을 해 주었다. 그럴 때마다 아이들은 '평소엔 안 그러던 엄마가 갑자기 왜 저러나' 하는 표정으로 나를 쳐다보았다.

"엄마, 러블리 좀 그만 말하면 안 돼요?"

언젠가는 은이가 나에게 속삭였다.

"좋은 건 좋다고 표현해야 하는 거야."

말은 그렇게 했지만, 실은 나도 어색함을 무릅쓰고 감탄하는 연습을 하던 중이었다.

내가 본 우리나라 사람들은 서양 사람들에 비해 감정 표현이 인색한 편이다. 그중에서도 나는 더 덤덤한 편이다. 그런 나도 여행을 하면서 새로운 것을 접하고 새로운 사람들을 만나면 마음이 조금씩 달라지는 걸 느낀다.

문득 무지개를 보고도 가슴이 뛰지 않으면 죽은 것이나 마찬가지라고 했던 영국 시인 워즈워드의 시구가 생각난다. 감탄할 줄 안다는 건 그만큼 가슴 뛰는 삶을 살고 있다는 증거리라.

"우리나라 말엔 어떤 감탄사가 있지?"

앞으로는 감탄을 많이 하면서 살아야겠다고 결심하면서 아이들에게 물었다.

"글쎄요, 대박! 헐! 이런 것?"

아이들의 대답도 별로였지만, 나 역시 적당한 감탄사가 떠오르질 않았다. 내친김에 우리말 감탄사를 찾아보았다. 감정을 나타내는 감탄사로 '아!', '오!', '야!', '아이고!', '어머!', '아뿔싸!', '이키!', '흥!', '애개!' 등이 있었다. 그러고 보니 '아!'나 '야!' 말고는 다른 감탄사들은 잘 쓰지도 않고, 글로 쓸 때나 어울릴 법한 것들이 많았다.

어떤 감탄사가 좋을지는 아직 잘 모르겠지만, 아이들에게도 더 감탄하고 기뻐할 줄 아는 '러블리'한 엄마가 되고 싶다.

남자보다 동물이
먼저라고?

　뉴질랜드에서는 어린이가 최우선이고 그다음이 여자, 그다음은 애완동물, 맨 마지막이 남자라는 말이 있다. 그만큼 어린이와 여자들의 천국이라는 뜻인데, 남자가 애완동물보다도 뒷전인 것을 보고 웃음이 나왔다. 정말 뉴질랜드 남자가 그 정도의 위상인지는 알 수 없으나, 집집마다 동물들이 사랑받고 있는 건 분명해 보였다. 뉴질랜드 한인신문 기사를 보니, 뉴질랜드는 가구당 68퍼센트가 동물을 키운다고 했다. 그래선지 대형 마트처럼 규모가 큰 동물용품점들도 많았고, 심지어 애완동물 보험까지 있다고 했다.
　뉴질랜드 여행을 하면서 민박집에 많이 묵었는데, 각 민박집마다 올려놓은 소개글에는 주로 가족 이야기가 많았고, 거기엔 동물 이야기도 빠지지 않았다.
　우리가 묵었던 웰링턴Wellington의 민박집에는 '레이시'와 '포'라는 이름의 고양이 두 마리가 있었다. 레이시와 포도 가족의 사랑을 독차지하고 있었다. 고양이들은 식탁 옆에 마련된 3층짜리 고양이 놀이터 겸 침대에서 주로 머물렀다. 그곳을 오르락내리락하며 놀기도 하고, 층층마다 달려 있는 포근한 바구니 침대에서 잠도 잤다. 고양이들은 사람들이 앉는 소파에도 자주 올라가 드러눕곤 했는데, 소파에 고양이털이 잔뜩 묻어도 집주인은 개의치 않았다. 고양이들에겐 통조림에 든 양고기, 쇠고기, 닭고기를 요일마다 달리해 주고 있었다. 하루 종일 맛있는 걸 먹고, 자고, 놀기만 하는 고양이들이 부러울 정도였다.

넬슨의 민박집에도 흰 개가 한 마리 있었다. 이름은 키리, 우리나라 진돗개와 생김새가 비슷했다. 민박집 주인은 키리를 자신의 베스트 프렌드라고 소개했는데, 혼자 사는 그녀에게 키리는 강아지 때부터 12년간 동고동락한 가족 그 이상이었다. 단순히 곁에 두고 귀여워하는 애완동물이 아니라 함께 살아가는 반려동물이라는 말이 맞았다.

키리는 나이가 들어 털도 많이 빠지고 움직임도 느렸지만, 참 순하고 사리분별 잘하는 개였다. 외출했다가 돌아오는 우리에게도 키리는 꼬리를 흔들며 반겨주었다. 주인이 가는 곳이면 어디든 따라다녀서, 키리만 보면 주인이 어디 있는지 다 알 수 있었다.

아벨 타즈만 국립공원에 가느라 묵었던 모투에카의 민박집에도 개가 한 마리 있었다. 집 안을 둘러보니 온통 그 개와 관련된 것들로 꾸며져 있었다. 주인과 개가 함께 찍은 사진부터 개 독사진, 개 초상화까지, 심지어 그 개와 똑같은 리트리버종의 개 인형까지 진열되어 있었다. 집주인은 퇴근하자마자 열 일 제쳐두고 개 산책에 개집 청소부터 할 정도였다. 아이가 없었던 그 부부는 지금까지 리트리버종 개만 다섯 마리째 키우고 있다고 했다.

아이들은 늘 귀여운 강아지만 보면 우리도 키우자고 조른다. 그럴 때마다 내가 하는 말이 있다. "엄마는 이미 똥강아지 두 마리 키우고 있거든. 힘들어서 더 못 키워요!" 그러면 아이들은 자기들은 똥강아지가 아니라고 주장하면서, 강아지를 키우면 자기들이 밥도 주고 목욕도 시켜주고 다 챙겨줄 거라고 했다. 하지만 결국 개 시중은 다 어른 몫이 된다는 경험담을 수도 없이 들었기에 아이들의 성화에도 꿋꿋하게 버티고 있다.

생텍쥐페리의 《어린 왕자》를 보면, 어린 왕자가 별에서 기르던 장미 이야기가 나온다. 지구에서 만난 여우는 어린 왕자에게 이렇게 말한다.

"네 장미가 그토록 소중한 까닭은 물도 주고, 벌레도 잡아주고, 바람막이도 쳐주면서 네가 들인 시간 때문이라고. 그리고 네가 길들인 장미에 책임을 져야 한다고."

지금 나는 일하는 엄마로서, 주부로서도 벅차 누군가를 또 보살필 자신이 없다. 그래서 반려동물과 함께 행복하게 사는 뉴질랜드 사람들이 더 부러웠을지도 모른다.

민박집의 반려동물과 함께, "엄마, 우리도 강아지 키워요!"

밤바다와
따뜻한 이별

어느새 3주가 거의 다 지나가 넬슨을 떠날 날도 이틀밖에 남지 않았을 때였다. 우리가 머물던 집에는 소박하지만 바다 전망이 멋진 테라스가 있었다. 낮에는 햇볕이 뜨거워 테라스로 나갈 엄두가 안 났지만, 해질 무렵엔 최고로 낭만적인 장소였다. 석양에 구름이 조금씩 물들어가는 모습을 바라보고 있으면 내 마음도 서서히 비워지는 것 같았다.

우리는 종종 테라스로 나가서 저녁을 먹곤 했는데, 떠날 즈음엔 더 자주 그 자리에서 먹곤 했다. 저 바다도 이제 며칠 뒤면 못 보겠구나 생각하니 아쉬움이 밀려왔다.

저녁을 먹고 아이들과 늦은 산책에 나섰다. 그동안 머물렀던 동네를 한 번 더 보고 싶은 마음이 들어서였다. 10분 정도 걸어가면 바다가 잘 보이는 전망대가 나왔다. 곧 해가 질 것 같아 거기까지만 갈 생각이었다. 가는 길에 다리를 다친 고양이를 보았는데, 아이들은 먹이를 가져다주고 싶어 했다. 또 화단에 물을 주는 어느 할아버지와도 인사를 나눴다. 집집마다 똑같지 않고 하나하나 개성 있는 우체통들도 새삼스럽게 눈에 들어왔다.

전망대에 도착해서 바다를 바라보니 석양이 그때까지 본 것 중에 최고로 멋있게 물들어 있었다. 석양을 보며 감탄을 하고 있는데 준이가 느닷없이 바다까지 가보자고 했다.

"곧 깜깜해질 텐데…, 너무 늦었잖아."

"그래도 가보고 싶어요. 내일도 못 가잖아요."

그러고 보니 다음 날 저녁엔 에블린이 우리를 위해 송별 모임을 해준다고 했다. 넬슨의 저녁 바다를 다시 볼 기회가 없었다. 바다까지는 20분쯤 더 걸어야 했지만 가보기로 했다. 준이는 휘파람을 불며 좋아했다. 하늘은 점점 어두워지고, 내 발걸음은 자꾸 빨라졌다. 해변에 도착하니 썰물 때라 바닷물이 멀리까지 빠져 있었다. 우리는 맨발로 해변을 걸었다.

"엄마, 바닷물이 따뜻해요!"

바닷물에 발을 담갔던 아이들이 외쳤다. 뜻밖에도 바닷물이 따뜻했다. 지난번 수영할 때는 낮에도 무척 차가웠는데 지금은 밤인데도 물이 따뜻해서 신기했다. 바닷물에 발을 담그니 마음까지 따뜻해졌다.

"오길 잘했지?"

준이는 나를 보며 웃었다. 그렇게 넬슨의 밤바다와 이별하고 집으로 돌아오는 길, 역시나 걱정했던 대로 깜깜했다. 돌아오는 밤길이 무섭긴 했지만, 그날 밤하늘에 걸린 초승달과 따뜻한 바닷물은 아주 오래 마음에 남을 것 같았다.

넬슨에서 머물렀던 3주, 오래 보고 천천히 본 만큼 정이 더 들었다. 아이들은 동네 아이들과 친구가 되었고, 우리는 그곳 사람처럼 길이 익숙해졌다. 어떤 날에 시장이 서는지, 어디가 자전거 타기에 좋은지, 어느 가게의 피시 앤 칩스가 맛있는지, 버스는 하루에 몇 번 다니는지, 도서관은 어느 요일에 열고 몇 시에 닫는지도 알게 되었다. 하지만 아직도 알고 싶고 친해지고 싶은 게 많았기에 떠남이 더 아쉬웠다.

민박집 앞의 가파른 오르막길도 잊지 못할 듯싶었다. 우리가 머무는 동안 넬슨은 하루도 흐린 날이 없었고, 오후 햇볕이 가장 쨍쨍할 때 그 오르막길을 오를 일이 많았다. 밑에서 올려다보면 까마득할 정도로 가파른 넬슨의 오르막길을 오를 땐 꼭 중간에 몇 번씩 헉헉거리며 쉬어가야 했다.

무엇보다도 장볼 때가 힘들었다. 차가 없는 우리는 한번 장볼 때 되도록 많이 사오려고 아이들과 내 배낭을 가득 채웠다. 집에 도착해 배낭을 열면 커다란 옥수수에 깔려 키위가 다 뭉그러져 있거나, 유통기한이 지난 두부를 두 모나 사와서 버리기도 했었다. '높은 언덕 위에서는 차 없이 먹고살기가 참 힘들구나!' 하는 탄식이 절로 나왔던 날들이었다. 우리를 힘들게 했던 넬슨의 오르막길, 하지만 지나고 보면 그리운 추억이 되리라.

드디어 떠나는 날 아침, 눈을 떠보니 뜻밖에도 비가 내리고 있었다. 3주 동안 한 번도 보지 못했던 비였다.

"우리가 떠나는 게 슬퍼서 하늘도 우나 봐."

내 말에 아이들은 웃었다.

햇볕 쨍쨍한 '써니 시티'라고 해서 오게 되었던 넬슨이었지만, 비를 바랐던 때도 종종 있었다. 따가운 햇살에 땀을 뻘뻘 흘리며 오르막길을 오를 때, 집에서 쉬고 싶은데 날씨가 너무 좋아서 도저히 안 나갈 수 없을 때, 꽃과 나무들이 목마른 것처럼 시들어 보일 때, 그럴 땐 비가 그리웠다.

우리가 떠나던 날, 세상을 촉촉이 적시던 그 비도 반가웠다. 아마 날씨가 너무 좋았으면 넬슨을 떠나기가 더 싫었을지도 모른다. 써니 씨티, 넬슨의 마지막 이별 인사는 그렇게 촉촉했다.

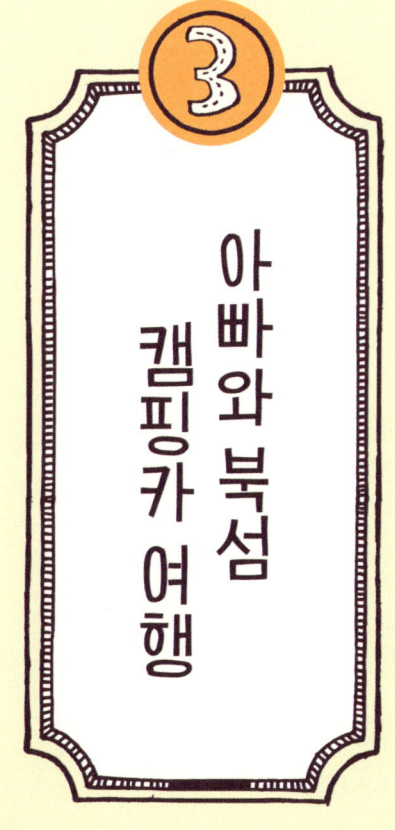

3
아빠와 북섬 캠핑카 여행

캠핑카가
이렇게 작을 줄이야

"아빠 오려면 얼마나 남았어요?"

아이들은 여행하는 내내 아빠를 기다렸다. 그토록 아빠를 간절하게 기다린 건 캠핑카 여행에 대한 기대도 한몫했다. 뉴질랜드에서는 '캠퍼밴(Campervan)' 혹은 '모터홈(Motorhome)'이라는 말을 썼지만, 우리는 입에 익숙한 한국식 명칭인 '캠핑카'로 불렀다. 뉴질랜드에선 어딜 가나 캠핑카를 몰고 여행하는 사람들이 많았다. 커다란 캠핑카를 볼 때마다 아이들은 부러워하면서 아빠를 기다렸다.

뉴질랜드로 떠나기 며칠 전이 결혼 15주년 기념일이었지만, 여행 준비를 하느라 그날도 분주하게 지나갔다. 대신 뉴질랜드 여행의 후반부를 남편도 함께해서 결혼 15주년을 기념하기로 했다. 남편은 긴 휴가를 꿈꾸기 힘든 대한민국의 회사원이지만, 큰마음 먹고 설 연휴와 일 년치 휴가를 다 끌어 모아 떠나보기로 했던 것이다.

오른쪽이 우리 캠핑카. 작아도 네 식구가 함께 지낼 수 있는 우리만의 집

하지만 뉴질랜드에 오기로 한 몇 주 전부터 남편은 눈코 뜰 새 없이 바빴다. 거의 날마다 야근에, 주말까지 나가서 일하느라 정신없는 눈치였다. 뉴질랜드에 올 수나 있을지 걱정될 정도였다. 출발하는 날까지도 남편은 회사에 출근을 해야 했다. 남편이 오전 근무를 마치고 아슬아슬하게 뉴질랜드행 비행기를 탔다는 소식에 나는 안도의 한숨을 내쉬었다. 그렇게라도 올 수 있어서 다행이다 싶었다.

남편이 뉴질랜드에 도착한 날 아침, 우리는 남섬의 크라이스트처치에서 비행기를 타고 북섬의 오클랜드로 향했다. 오클랜드 공항에서 가족이 다 함께 만날 생각에 잔뜩 설렜다. 뉴질랜드식으로 뽀뽀를 해야 하나, 포옹을 해야 하나? 한 달 반 만에 만나는 가족의 극적인 상봉 장면을 머릿속으로 상상해보았다.

하지만 막상 만났을 때는 전혀 극적이지도, 낭만적이지도 않았다. 먼저 도착한 남편은 미리 예약해둔 캠핑카를 받아오느라 바빴고, 남편이 캠핑카를 몰고 왔을 때에도 주차 공간이 없어 우리는 허겁지겁 짐을 싣고 캠핑카에 올라타야 했다. 운전대를 잡은 남편의 얼굴을 보니 우리나라와는 운전석도, 운전 방향도 반대인 뉴질랜드식 운전에 적응하느라 잔뜩 긴장한 표정이었다. 나는 운전석 옆자리에 앉아 남편을 조마조마하게 쳐다보는 것으로 극적인 상봉을 대신해야 했다.

기대하던 캠핑카를 탄 아이들은 뒷자리에 앉아서 신이 났다. 하지만 나는 생각했던 것보다 훨씬 작은 캠핑카를 보자마자 심란함이 밀려왔다. 그 좁은 차 안에서 먹고, 자고 할 일이 걱정이었다. 캠핑카 빌리는 값이 만만치 않아서 그나마 저렴한 걸로 예약했더니, 시설도 별로고 크기도 우리나라의 승합차보다 조금 큰 정도다. 크고 멋진 캠핑카를 꿈꾸었던 기대가 한순간에 사라졌다.

캠핑카가 다른 나라보다 대중화된 뉴질랜드에서도 대여료는 다른 물가에 비해 꽤 비싼 편이었다. 최대한 싼 캠핑카로 골랐지만 그래도 비용이 만만치 않았다. 저렴한 숙소에서 편히 발 뻗고 자는 비용과 작은 차를 빌리는 비용을 합한 것보다 캠핑카 대여료가 더 비쌌다. 우리로서는 큰마음 먹고 빌린 캠핑카인데, 이렇게나 작다니!

그래도 아이들은 좋아했고, 나도 우리 캠핑카에 정을 붙여보려고 조금씩 애써보았다. 아이들에게는 특별한 경험이 될 테고, 작아도 우리 식구가 다 함께 지낼 수 있는 우리만의 집이니 말이다.

캠핑카를 타고 첫날 간 곳은 코로만델 반도의 핫 워터 비치Hot Water Beach 홀리데이 파크Holiday Park였다. 뉴질랜드 곳곳에 있는 홀리데이 파크는 캠핑장과 원룸식의 숙소를 갖추고 있어서 캠핑카가 있는 사람도, 없는 사람도 다 이용할 수 있다. 우리 캠핑카 뒤로 크고 멋진 캠핑카가 들어왔는데, 둘이 나란히 있는 걸 보니 우리 캠핑카가 더더욱 작아 보였다.

남편은 제대로 짐 챙길 여유가 없었을 텐데도 우리가 부탁했던 김치는 잊지 않았다. 비닐로 꽁꽁 싸가지고 온 김치는 정말 눈물 나게 맛있었다. 얼마 만에 먹어보는 아삭아삭한 김치인지! 김치 하나만으로도 행복한 저녁이었다.

캠핑장에서 가까운 핫 워터 비치에는 화산 활동으로 뜨거워진 땅속의 온천수가 위로 솟아오르는 곳이 있었다. 핫 워터를 경험해보려면 썰물 시간에 맞춰 가야 하는데, 그날은 밤 8시가 넘어야 바닷물이 빠져나간다고 했다. 우리는 삽을 빌려서 바닷가로 향했다.

해가 져서 어스름한 바닷가에 사람들이 모여 있었다. 핫 워터가 나오는 곳으로, 사람들은 바닷물이 더 빠지길 기다리는 중이었다. 낮의 뜨거운 해가 물러가고 저녁 바닷바람이 선선하게 불었다. 그동안은 나 혼자 아이들을 데리고 다니기가 걱정되어 해 지기 전에 부지런히 숙소로 돌아가곤 했다. 하지만 그날은 깜깜해져도 불안하지 않았다. 가족이 다 함께 있다는 것만으로도 마음이 든든했다.

바닷물이 저만큼 밀려나갔다. 우리는 삽으로 모래를 파보았다.

"앗, 뜨거워!"

아이들은 모래에 고인 물에 살짝 발을 대보더니 얼른 발을 뗐다. 차가운 바닷속에서 그처럼 뜨거운 물이 솟아나다니 신기했다. 차가움과 뜨거움이 적당히 섞이면 좋으련만, 바닷바람은 차고 발바닥은 너무 뜨거웠다. 모래를 넓고 깊게 파내 욕조처럼 만든 다음 바닷물이 고이게 해서, 사람들이 들어가 즐기는 사진을 본 적이 있다. 하지만 파도가 자꾸 밀려와서 모래를 덮치는 바람에 뜨거운 물이 한가득 고일 새가 없었다. 밤바람도 찼다. 우리는 그렇게 핫 워터 비치를 뜨겁게 맛보고는 그날의 우리 집, 캠핑카로 돌아갔다.

낮에는 우리 네 식구가 딱 앉을 만한 크기였던 캠핑카는 밤이 되니 네 식구가 누워 자기에도 공간이 빠듯했다. 나와 남편은 아래쪽에, 아이들은 받침대로 분리해놓은 위쪽에 누웠다. 위쪽에 누우면 천장에 코가 거의 닿을 정도로 좁았다.

처음에는 신이 나서 위쪽으로 갔던 준이는 결국 자다가 답답하다면서 아래로 내려왔다. 어른 둘도 꽉 끼는 공간에 제법 덩치도 크고 몸부림도 심한 준이까지 끼어드니 몸을 움직이기도 어려웠다. 나는 유리창에 얼굴을 딱 붙이고 누웠다.

  작은 뒤척임까지도 다 전달되는 좁은 공간, 넓었으면 느끼지 못했을 가족의 숨소리와 온기! 온 가족이 함께한다는 것을 온몸으로 느낀 밤이었다.

아름다운 색으로
기억되는 곳

화산 활동으로 만들어진 온천과 독특한 지열 지대가 많은 로토루아Rotorua는 뉴질랜드 북섬에서 제일 유명한 관광지다.

"관광객들이 너무 많아 정신없을 테고, 물가는 턱없이 비쌀 것이며, 사람들은 불친절할 거야."

나는 유명한 관광지라고 하면 이런 선입견을 갖고, 가보기도 전에 마음을 꽁꽁 닫아두곤 했다. 하지만 로토루아에선 2박 3일을 보내며 그런 마음을 슬그머니 내려놓았다.

우리가 묵었던 곳은 로토루아 시내에서 30킬로미터쯤 떨어진 블루 레이크Blue Lake 앞쪽의 캠핑장. 로토루아 시내에도 캠핑장이 있었지만, 우리는 블루 레이크 쪽이 로토루아 특유의 유황 냄새가 안 나서 좋다는 말을 듣고 그곳으로 향했다.

뉴질랜드는 어딜 가도 호수가 많은데, 로토루아에도 화산 활동으로 생긴 호수가 열 개가 넘었다. 블루 레이크도 그중 하나였다. 블루 레이크 캠핑장은 호수를 둘러싼 울창한 숲에 자리 잡고 있어 유황 냄새 대신 나무 냄새가 진하게 났다. 이름난 큰 호수들에 비하면 블루 레이크는 그저 작고 조용한 호수였다. 관광객도 거의 없고, 수영을 즐기러 온 현지 가족 몇몇이 눈에 띌 뿐이었다.

블루 레이크의 물빛은 정말 파랬고, 또 맑았다. 호수에서 수영해본 적이 있었던가? 늘 바다 아니면 수영장이었던 것 같다. 블루 레이크에서 물놀이하는 뉴질랜드 사람들을 보면서, 우리도 생애 처음으로 호수 수영을 해보기로 했다. 유명하고 큰 호수는 대부분 수영 금지 구역이니, 블루 레이크에서만 가능한 일이었다.

수영복을 입고 호숫가로 가서 살짝 발부터 담가보았다.

"앗, 차가워!"

여름이었지만 뉴질랜드에서는 바다도, 호수도 차가웠다. 추위를 많이 타는 나는 늘 큰마음 먹고 물에 들어가야 했다. 은이가 먼저 호수로 들어갔다.

"으하하, 빨리 들어오세요. 엄청 시원해요!"

추운 건 딱 질색이지만, 그렇다고 소심한 엄마가 될 순 없지.

"알았어, 엄마도 간다!"

다 같이 블루 레이크로 입수! 파도가 치는 짠 바닷물도 아니고, 인공적인 수영장물도 아닌 청정 자연의 맑은 호수물이라니! 몸에 닿는 느낌이 새로웠다. 수영을 잘하는 남편과 아이들은 호수 한가운데 떠 있는 나무 부표까지 헤엄쳐갔다. 거기서는 마오리 원주민들로 보이는 10대 몇 명이 다이빙을 하며 놀고 있었다. 남편과 아이

들도 부표 위에 올라가서는 물속으로 풍덩 뛰어들었다. 그쪽은 물이 꽤 깊어보였지만, 아이들은 물을 겁내지 않았다. 이렇게 블루 레이크는 생애 처음으로 호수 수영을 한 곳이 되었다.

블루 레이크를 떠나는 날 아침은 나도 모르게 일찍 눈이 떠졌다. 아이들은 캠핑카에서 아직 곤히 잠들어 있었다. 문득 새벽 호수가 보고 싶었다. 아침 공기가 선선해서 겉옷을 하나 더 걸치고 블루 레이크로 향했다. 블루 레이크를 본 순간, 내 입에서는 작은 탄성이 저절로 나왔다.

'와…, 이런 게 바로 물안개구나!'

호수 위로 모락모락 하얀 안개가 피어오르고 있었다. 물안개가 가득한 호수는 어디가 물인지, 어디가 하늘인지 모르게 하나로 어우러졌다. 호수는 전날 낮에 보았던 밝은 블루가 아니라 어두우면서도 깊은 블루였다.

호젓하게 물안개를 감상한 새벽과 달리, 아이들을 깨운 뒤로는 정신없이 서둘러야 했다. 와이오타푸 Wai-O-Tapu라는 곳에서 하루에 딱 한 번, 오전 10시쯤 분출한다는 간헐천을 보기로 했는데, 시간이 빠듯했던 것이다. 부랴부랴 준비를 하고 블루 레이크를 떠나려는데 문득 발목을 잡는 게 있었다. 블루 레이크 옆에 있다는 그린 레이크 Green Lake가 꼭 보고 싶었다. 그냥 가면 내내 아쉬움이 남을 것 같았다.

"늦었는데 보지 말고 그냥 갈까?"

딱 정해진 시간에만 나온다는 간헐천을 보려면 단 몇 분도 허비할 수 없었다. 망설이는 나를 보면서 남편은 그래도 잠깐 보고 가자고 하면서 캠핑카를 반대 방향으로 돌렸다. 그린 레이크와 블루 레이크를 동시에 조망할 수 있는 곳은 금방 나왔다. 그곳에 서서 두 호수를 번갈아보니 블루 레이크가 얼마나 푸른빛인지, 또 그린 레이크가 얼마나 초록빛인지 한눈에 들어왔다.

물속에 있는 돌과 모래의 색이 달라서 물빛도 다르다는 과학적인 이유가 안내판에 써져 있기는 했으나, 나란히 놓여 있는 호수의 물빛이 그처럼 다른 게 참 신기했다. 블루 레이크와 그린 레이크는 관광 명소가 많은 로토루아에서는 목록에 올리기도 힘든 작은 호수일 뿐이지만, 우리에겐 이렇게 마음에 남는 호수가 되었다.

우리는 와이오타푸에 아슬아슬하게 도착했다. 간헐천이 분출하는 모습과 총천연색의 유황천들은 놓칠 수 없는 광경이었다. '예술가의 팔레트'라는 유황천은 이름처럼 파스텔색의 여러 가지 물감을 섞어놓은 듯했다. 다양한 색깔의 비밀은 여러 가지 광물이 녹아 있어서란다. 또 로토루아에서는 화산계곡 와이망구 Waimangu에도 가보았다. 그곳에서 보았던 부글부글 끓어오르는 호수와 노란빛, 연둣빛 유황천들도 참 인상적이었다.

로토루아가 보여준 다양한 색들이 아직도 눈에 선하다. 푸른빛과 초록빛이 신비로운 블루 레이크와 그린 레이크, 화산지열지대에서 보았던 알록달록 고운 색깔의 유황천, 그리고 붉은 레드우드 숲. 로토루아는 관광지에 대한 편견을 슬그머니 내려놓고, 아름다운 빛깔의 추억을 가득 담을 수 있었던 곳이다.

/ 신비로운 그린 레이크(위)
/ 알록달록 고운 색깔의 유황천들(아래)

이렇게 힘든 세배는 처음이야!

로토루아 여행을 마치고 우리는 다시 방향을 돌려 북섬 여행을 시작했던 오클랜드로 향했다. 캠핑카를 계속 타고 다니기엔 비용 부담이 커서, 북섬의 북쪽 지역은 작은 소형 차를 빌려 둘러보기로 했다. 작고 좁다고 투덜댔던 나도 캠핑카를 보내려니 섭섭했다.

작은 캠핑카였지만 우리는 많은 추억을 만들 수 있었다. 바다에서 노느라 점심때를 놓치고 근처에 사먹을 곳도 없었을 때, 캠핑카의 간이 부엌에서 끓여먹었던 라면 맛은 잊을 수가 없다. 캠핑카에서 자연에 둘러싸여 맞이하는 아침은 더 아름다웠고, 햇볕 뜨거운 날 스페인의 시에스타 근로자들이 낮잠을 자는 스페인의 전통문화처럼 낮잠을 즐겼던 오후는 달콤했다. 캠핑카는 아이들의 웃음이 가득한 즐거운 놀이터이기도 했다. 이렇게 일주일 동안 우리 가족의 발이 되어주고, 따뜻한 집이 되어준 캠핑카가 고마울 따름이었다.

캠핑카와 헤어지며 우리는 이렇게 결론을 내렸다. 우리 캠핑카가 작은 게 아니라 다른 캠핑카가 너무 큰 것이라고. 우리 캠핑카는 우리 호주머니 사정에도, 우리 가족에게도 딱 알맞은 크기였다고 말이다.

마침 그날은 우리나라의 설날이었다. 오래 여행을 하다 보면 무슨 요일인지도 모르고 지내는 경우가 많다. 하지만 명절이 되니 마음이 달랐다. 무엇보다 부모님을 찾아뵙지 못해 죄송스러웠고, 아이들에게도 설 기분을 느끼게 해주고 싶기도 했다.

'한인 가게가 있으면 가래떡이라도 사서 떡국을 끓여볼까?'

하지만 한인 가게도 못 찾고 오클랜드에서 한 시간쯤 떨어진 오레와 비치 Orewa Beach의 숙소에 도착하니 어느새 사방이 어둑어둑했다. 우리 방은 이층 침대 하나, 더블 침대가 하나 있는 원룸이었다. 얼마 만에 침대에서 발 뻗고 자보는 것인지! 좁은 캠핑카에서 쪼그리고 자다가 편하게 누워 잘 수 있는 방이 생기니 그것만으로도 기분이 좋았다.

"꼬르륵!"

침대를 보면서 좋아한 것도 잠시, 배에서는 밥을 달라고 아우성이었다. 떡국은커녕 밥을 할 시간도, 힘도 남아 있질 않았다. 한국인의 비상식량 출동! 남편이 한국에서 가지고 온, 몇 개 남지 않은 우리밀 라면을 꺼냈다.

"후루룩, 후루룩!"

그날 설날 밥상은 후다닥 끓인 라면. 떡이라도 몇 개 들어간 떡라면이면 더 좋았겠지만, 그냥 라면만으로도 우리의 입은 행복했다.

이렇게 설날 만찬을 끝내고 한국의 부모님들께 어떻게 인사드리면 좋을지, 고민을 시작했다. 손주들을 보고 싶어 하실 부모님들께 아이들 모습을 보여드리면 제일 기뻐하실 것 같았다.

"얘들아, 우리 세배하는 동영상을 찍어서 보내드릴까?"

아이들은 동영상을 찍는다는 말에 처음에는 주저했지만, 세배를 해보겠다고 했다.

간신히 지나다닐 통로만 있는 원룸이라 바닥에 엎드려 절을 할 만한 공간이 나오질 않았다. 침대 위에 올라가서 세배를 하기로 했다. 아이들은 뭐라고 인사말을 해야 할지 고민하느라 한참이 걸렸다. 마침내 인사말이 정해졌다.

"저희는 지금 뉴질랜드의 북섬, 오레와 비치에 와 있습니다. 설날에 직접 뵙지 못해, 대신 동영상으로 세배 드립니다."

준이부터 말한 뒤에 함께 세배를 하고, 이어서 은이가 이렇게 말하기로 했다.

"새해 복 많이 받으시고 오래오래 건강하세요."

인사말 준비 완료! 드디어 동영상을 찍기 시작했다. 한 번에 되지는 않았다. 한 번은커녕 수십 번을 반복해야 했다.

"큭큭, 자꾸 웃음이 나와요."

"새해 복 많이 받으시고… 음, 그다음이 뭐였지?"

아이들은 쑥스러운지 '푸하하' 웃음을 터뜨리기도 하고, 인사말을 하다가 중간에 버벅대기도 해서 끝까지 찍기가 쉽지 않았다. 스마트폰으로 동영상을 찍던 남편도 슬슬 짜증이 나는 눈치였다. 연출 담당이던 나는 아이들한테 좀 제대로 해보라고 윽박지르고도 싶었지만, 그러다가 덜컥 안 찍겠다고 할까봐 뭐라고 할 수도 없었다. 나는 속마음을 꾹 참고, 입가에 미소를 지으려 안간힘을 다했다.

"와, 정말 잘하고 있어. 조금만 더 하면 되겠다!"

나는 마음에도 없는 칭찬을 마구 했다. 우여곡절 끝에 세배 동영상 완결편이 나오긴 했으나, 아이들이 웃음을 참으려 애쓰다 보니 오히려 표정이 너무 딱딱하게 굳어 있었다. 썩 마음에 들지 않았지만, 남편은 그만하자는 눈짓을 보냈다. 더 하다가는 아이들의 인내심도 폭발할 것 같았다.

처음부터 찍은 세배 동영상을 쭉 비교해보니 오히려 웃음을 터뜨리고, 중간에 할 말을 잊어버려서 당황하는 모습들이 더 재미있기는 했다. 그래도 일단 진지한 모습으로 찍은 세배 동영상을 보내드리고, 웃기는 동영상은 재미로 보시라고 따로 이메일로 보냈다. 후유, 태어나서 그렇게 힘든 세배는 처음이다.

힘들게 세배를 한 보람은 있었다. 동영상 세배를 받은 친가와 외가의 할아버지, 할머니께서는 기쁘게 잘 받았다는 답장을 보내오셨다. 아이들과 힘들게 세배를 했던 그날, 비록 떡국도 못 먹고 정신없이 보낸 설날이었지만 멀리서나마 함께한 가족들 모두 마음만은 따뜻했던 날이었다.

물 반, 고기 반,
고트아일랜드

　남편은 아이들에게 뭘 꼭 시켜야 한다는 게 없는 사람이다. 나는 이런저런 학원이 좋다는 다른 엄마들의 말에 팔랑귀가 되곤 했지만, 남편은 늘 흔들림 없이 묵묵했다. 초등학교 입학이 코앞인데도 한글을 잘 읽지 못하는 아이를 보며 나는 한글 공부를 따로 시켜야 하지 않을까 걱정했지만, 남편은 "열 살이 되어서도, 스무 살이 되어서도 못 읽겠어?" 하면서 느긋해했던 아빠다.

　그런 남편이 유난히 꼭 배우게 해야 한다고 강조한 것이 하나 있었다. 바로 남편도 열심히 하고 있는 수영이다. 수영은 좋은 운동이기도 하지만, '생존'이 걸린 문제가 될 수도 있으니 꼭 할 수 있어야 한다는 것이다.

　몇 년 전 베네룩스 여행을 준비하면서 네덜란드의 교육에 대한 책을 읽었는데, 그중에 수영 교육을 다룬 글이 눈에 띄었다. 네덜란드는 바다보다 땅이 낮은 나라로 물 때문에 겪었던 아픈 경험들이 많아서인지, 사교육이라고는 없는 그곳에서도 수영만은 조기교육을 시킨다고 한다. 생존을 위해서든, 취미를 위해서든 운동은 언제나 환영이기에 나도 물론 수영 배우기에 찬성이었다.

하지만 한 가지 걸림돌이 있었다. 남편은 어려운 자유형부터 배우는 수영 교육 대신 쉬운 개구리헤엄, 즉 평영부터 가르쳐야 한다고 주장했다. 옛날에는 동네 아이들이 냇가에서 놀면서 자연스레 배웠던 수영이 개구리헤엄이니 나름 일리 있는 말이다.

나도 처음 수영을 배울 때, 자유형이 참 어려웠던 기억이 난다. 팔 동작도 어렵고, 오른쪽 왼쪽 번갈아가며 고개 내밀고 숨 쉬는 것도 박자가 잘 맞지 않아서 자꾸 물을 먹으니, 물이 무섭기도 했다. 하지만 자유형 다음으로 평영을 배우면서는 물이 훨씬 편해졌다. 그런데 왜 어려운 자유형부터 배우는 걸까? 남편 말에는 동의했지만 아무리 찾아봐도 평영부터 배우는 수영 강습은 없었다.

결국 은이, 준이는 둘만 따로 수영 강습을 받기로 하고 수영 강사에게 평영부터 가르쳐달라고 부탁했다. 수영 강사는 다들 자유형부터 배우는데 왜 평영부터 배우려고 하는지 의아해했고, 나는 한참을 설명해야 했다. 남편의 유별난 수영 교육 방법은 우리나라 현실에서는 참 번거롭고 피곤한 것이었다.

어쨌든 그렇게 아이들은 초등학교 저학년 때부터 평영을 먼저 배우기 시작했고, 그 이후로 자유형도 잘하게 되었다. 남편은 아이들과 수심 5미터 깊이의 수영장에도 종종 갔다. 나는 까마득한 바닥을 내려다보면 겁부터 났지만, 아이들은 전혀 무서워하지 않고 거침없이 물속을 오갔다. 그런 아이들을 보면서 남편은 아주 흐뭇해했다.

또 바다나 강으로 여행을 갈 때마다 아이들에게 수영을 배우게 한 것을 참 잘했다 싶었는데, 뉴질랜드 고트아일랜드Goat Island에서도 그동안 닦아 놓은 수영 실력 덕분에 특별한 경험을 할 수 있었다.

물을 좋아하는 우리 가족은 뉴질랜드 바다에서 스노클링을 해보자는 계획을 일찍부터 세웠다. 그래서 남편의 가방 안은 집에서부터 공수해온 스노클링 장비가 한 짐 가득이었다. 부피는 꽤 컸지만 언제 어디서든 스노클링을 해보기 위해 한국에서부터 힘들게 가져온 것이다.

스노클링을 하기 위해선 대개 배를 타고 물고기가 많은 바다로 나가곤 한다. 하지만 우리는 번거롭게 예약을 하거나 돈을 들이지 않고도 마음 내킬 때마다 바다를 헤엄치며 물고기들을 만나고 싶었다.

그렇게 스노클링을 즐길 수 있는 곳이 뉴질랜드 어디에 있을까? 우리나라 사람들이 올린 뉴질랜드 스노클링 후기는 투어 프로그램을 통해 체험한 이야기가 대부분이었다. 뉴질랜드 사람에게 물어보기도 하고, 이리저리 인터넷 검색을 한 끝에 우리는 '고트아일랜드'라는 작은 무인도의 앞바다가 스노클링하기에 좋다는 사실을 알게 되었다.

초창기에 뉴질랜드에 왔던 유럽인들은 식수가 없는 작은 섬을 '고트아일랜드'라고 불렀다. 만일의 경우 배가 표류했을 때 생존자들이 먹을 수 있도록 염소를 놓아두었기 때문이라고 하는데, 실제로는 이 섬에서 염소가 살았던 흔적은 없었다나. 어쨌든 이 고트아일랜드와 마주하는 내륙 사이의 바다는 뉴질랜드 최초의 해양보호

구역으로, 낚시 금지 지역이라 물고기들이 아주 많이 산다고 했다. "그래, 여기야!" 하며 고트아일랜드를 여행 일정에 바로 추가했다.

그런데 숙소를 잡는 일이 만만치 않았다. 고트아일랜드에서 가까운 '리Leigh'라는 작은 마을에 몇 안 되는 숙소들이 있어서 연락해보니 예약이 이미 다 찼거나, 숙박비가 너무 비쌌다. 나는 우여곡절 끝에 2층은 주인이 사용하고, 1층 원룸을 빌려주는 한 민박집과 연락이 닿아 겨우 예약을 마쳤다.

드디어 고트아일랜드 바다로 가는 날! 우리는 전날 묵었던 오레와 비치를 떠나 아침 일찍 리 마을로 향했다. 예약했던 숙소에 짐을 풀고 두근두근 기다리던 바닷속 구경에 나서려던 순간, 후드득후드득 갑자기 비가 내리기 시작했다.

우리는 하늘을 원망했지만, 민박집 주인은 몇 달 만에 비가 온다며 반가워했다. 빗물을 받아 사용하는 그 마을에서는 가뭄에 단비였던 것이다. 우리 넷은 머리를 맞대고 작전을 짰다. 나는 햇볕이 쨍쨍한 날에도 물속은 차가운데, 비까지 오는 날 바다에 들어가고 싶지는 않았다. 은이도 내키지 않는 듯했다.

"그럼, 우리가 먼저 들어가 보고 상황이 어떤지 말해줄게."

남편과 준이가 바다 탐색을 해보겠다고 나섰다. 고트아일랜드가 바라보이는 해변으로 가니, 여름 성수기인데도 사람들이 별로 없었다. 비 때문인 듯했다. 남편과 준이는 발에 오리발을 끼고, 얼굴에 스노클링 마스크를 썼다. 하늘은 먹구름에 덮여 있었고 비는 오락가락했다.

"잘 다녀와!"

은이와 나는 해변에 서서 바다로 들어가는 두 남자에게 손을 흔들었다. 바닷바람이 꽤 선선했다. 우리는 모래사장에 쭈그리고 앉아 바다를 바라보면서 두 사람이 나오기를 기다렸다. 얼마나 시간이 지났을까. 꽤 멀리까지 나갔던 남편과 준이가 바다에서 나타났다. 준이는 춥다면서 이를 딱딱 부딪치며 떨었다. 나는 얼른 큰 수건을 몸에 둘러주었다.

"엄마, 나 엄청 큰 가오리 봤어요!"

"정말?"

준이가 바닷속에서 가오리가 펄럭거리며 가는 걸 봤다고 했다. 우리는 눈이 동그래졌다. 남편은 반짝거리는 은빛 물고기 떼도 봤다고 했다.

"그렇게 물고기가 많아?"

"응! 날이 좋으면 더 많이 보일 것 같아요."

추워서 덜덜 떨면서도 준이는 아주 신나보였다.

"와! 정말 멋있었겠다."

비도 오는데다 추워서 안 들어가길 잘했다고 생각했는데, 두 사람의 신나는 바다 모험담을 들으니 갑자기 부러워졌다. 하지만 그날은 비가 점점 많이 왔고, 하늘은 더 어두워져 다음 날을 기약할 수밖에 없었다.

다음 날 아침, 일어나자마자 하늘부터 살폈다. 다행스럽게도 맑게 개어 있었다. 우리는 부지런히 아침을 해먹고 바다로 나갔다. 오리발을 끼고 마스크를 쓰고, 두근거리는 마음으로 바다로 첨벙! 점점 깊이 들어갈수록 몸은 추워졌고 겁도 났지만 인명구조 자격증까지 있는 남편을 믿기로 했다.

하지만 두려움을 잊게 한 건 무리지어 쉴 새 없이 다가오는 물고기 떼. 바닷속은 그야말로 물 반, 고기 반이었다. 스노클링 마스크 때문에 말로 표현할 순 없었지만 "와!" 하는 감탄사가 계속 나왔다. 줄무늬 물고기, 검은 점이 딱 하나만 있는 물고기, 눈이 납작하게 생긴 물고기들이 우리 옆에서 노닐고, 은빛의 작은 물고기 떼들이 지나갈 때면 바다가 온통 반짝거리는 것 같았다. 낚시가 금지된 해양보호구역이라 그런지 물고기들은 사람이 다가가도 도망가거나 무서워하지 않았다. 바닷속을 누비는 물고기와 사람이 함께할 수 있는 환상적인 바다였다.

우리는 물고기들을 한참 찾아보다가 숨이 차면 바다 위로 머리를 내밀고 숨을 쉬었다. 바다에 잠깐 떠 있는 동안에도 어떤 물고기들을 봤는지 서로 이야기하기 바빴다. 그러고는 다시 입수!

점점 더 멀리 가다 보니 어느새 고트아일랜드가 코앞이었다. 우리는 그 섬에 올라가보기로 했다. 하지만 뾰족한 돌들도 많고 파도도 세서 섬에 오르기가 쉽지 않았다. 남편이 먼저 올라가 우리 손을 잡아주어 간신히 섬에 발을 내딛을 수 있었다. 신대륙이라도 발견한 듯 감개무량했다. 섬을 둘러보니 돌도 많고, 염소를 키우는 데 좋은 땅은 아니었다. 오히려 주변에 물고기가 많으니 피시아일랜드 Fish Island라고 이름을 바꿔야 하지 않을까 싶었다.

육지 쪽을 바라보니 우리가 출발했던 해변이 보였다. 물리적인 거리로 치자면 해변과 섬까지 아주 먼 거리는 아니지만, 처음으로 바다를 헤엄쳐 섬까지 왔다는 뿌듯함은 태평양이라도 건넌 듯했다.

수영 교육 열성론자인 남편은 깊은 바다도 두려워하지 않는 아이들을 보며 그날도 흐뭇했으리라.

바닷속에서 수많은 뉴질랜드 물고기들을 만난 그날. 그때의 설렘은 오래도록 생생하게 남을 것 같다. 언젠가 또 기회가 생긴다면 준이가 보았다던 그 커다란 가오리와 함께 바닷속을 너울너울 헤엄쳐 보고 싶다.

✓ 물고기와 사람이 함께하는 환상적인 바다, 고트아일랜드

따로 또 같이
더 행복하게

뉴질랜드 북섬의 북동쪽, 꼬불꼬불한 해안선을 따라 펼쳐지는 아름다운 바다와 섬으로 유명한 베이 오브 아일랜드 Bay of Islands로 향했다. 우리나라로 말하면 섬이 많은 다도해쯤 되는 베이 오브 아일랜드에는 유럽인들이 처음 정착했던 파이히아 Paihia, 러셀 Russel, 와이탕이 Waitangi 등 작은 도시들이 모여 있다.

우리가 머물렀던 뉴질랜드 최초의 수도 러셀은 생각보다 작고 조용했다. 10분이면 둘러볼 수 있는 아담한 중심가, 몇 걸음만 가면 만나는 잔잔한 바다, 부두에서 다이빙하며 노는 마오리족 아이들, 갓 잡은 싱싱한 생선으로 튀겨내는 피시 앤 칩스 가게, 이 모든 풍경이 평화로웠다.

늘 바쁘게 돌아다니기보다 때로는 여행에도 쉼표가 필요하다. 러셀에서는 무엇을 꼭 보아야 한다는 것도 없고, 무엇을 꼭 해야 한다는 것도 없이 푹 쉬기로 했다.

러셀에서 맞은 두 번째 날. 느지막하게 아침을 먹은 후 산책도 하고, 바다가 보이는 벤치에 앉아 피시 앤 칩스를 먹으며 수다도 떨었다. 여행하는 동안은 요일도 잊고 지냈는데, 뉴질랜드 최초의 교회인 러셀의 교회에서 결혼식이 열린다는 걸 보고는 '아, 주말이구나' 싶었다.

오후에는 러셀의 끝자락에 있는 바닷가로 향했다. 중심가에서 차로 5분이면 갈 수 있는 곳으로, 넓은 잔디밭이 앞에 펼쳐진 바다였다. 멀리 흰 요트들이 지나가는 풍경은 한없이 한가로웠다. 남편과 준이는 수영하러 바다로 나가고, 은이와 나는 바닷가 잔디밭에 돗자리를 펴고 앉았다. 은이는 그림을 그리고, 나는 엎드려서 여행 일기를 썼다. 각자가 하고 싶은 걸 하는 날이었다.

친구나 가족끼리 여행을 하면 다 함께 움직여야 하는 일이 많은데, 서로 하고 싶은 게 다를 때도 있다. 친구들끼리 배낭여행을 같이 하다가도 여행 중간에 서로 떨어져서 다니는 경우도 종종 보곤 한다. 아무리 친한 사이라도 하고 싶은 것, 보고 싶은 것이 꼭 같을 수만은 없다. 다르다는 걸 인정하면서 각자의 취향대로 따로 다니는 것도 좋은 여행 방법이다. 가족이 '따로 또 같이' 할 수 있어서 행복했던 러셀의 어느 오후였다.

나는 일기 한 편을 쓰고는 사진기를 들고 근처를 어슬렁거렸다. 바다가 잘 보이는 낮은 언덕에 웬 의자 하나가 놓여 있었다. 가까이 다가가보니 이런 글이 의자에 새겨져 있었다.

부부를 추모하며 만든 의자

던과 베티의 사랑이 담긴 추억을 기리며,

두 사람이 사랑했던 이곳을 마침내 함께 나누다.

In Loving Memory of

Don(1935~1993) & Betty(1936~2012)

Together finally sharing this place they loved.

먼저 세상을 떠난 남편과 10년 뒤 남편을 따라 하늘나라로 간 부인을 추모하며 만든 의자였다. 러셀의 바다가 보이는 그곳을 두 사람이 좋아했었나 보다. 하늘나라에서 다시 만나 다정히 함께 있을 부부의 모습을 떠올리니 마음이 따뜻해졌다. 나도 발걸음을 멈추고 그 의자에 한참 앉아 있었다.

'인생이란 홀로됨과 같이함을 오가는 나룻배'라고 했던 알베르 카뮈 Albert Camus 의 말처럼 평생을 함께하는 부부의 삶도 그러하다. 따로 또 같이, 때로는 홀로, 때로는 같이 각자의 자리를 지키면서 서로를 채워주는 삶. 우리 부부도 그렇게 살고 싶었다.

남편과 처음 만났을 때 나는 파릇파릇한 새내기 대학생이었고, 그는 같은 대학 동아리의 일 년 선배였다. 남매가 아니냐는 이야기를 들을 정도로 나와 생김새도, 분위기도 비슷해서인지 처음부터 편안하게 다가온 선배였다. 그때 선배는 시험 많은 공대생이라 늘 잠이 부족해서 어디든 엉덩이를 붙일 기회만 있으면 잤다. 서로 호감을 가질 즈음, 한번은 동아리 모임을 마치고 같이 지하철을 탔다. 그는 그날도 무척 피곤한 듯했는데, 마침 앞에 앉아 있던 사람이 내려서 딱 한 자리가 났다. 나는 선배에게 앉으라고 권했다.

"괜찮아, 네가 앉아"라고 말할 줄 알았는데 선배는 "응, 고마워" 하면서 앉더니 바로 잠이 들었다. 예상외의 반응이었지만, 나는 오히려 더 호감이 갔다. 여자라고 해서 약하게 여겨 보호하려고만 하지 않는 것, 피곤한 기색이 눈에 빤히 보이는데도 괜찮다면서 내숭 떨지 않고 솔직하게 행동하는 것, 그런 게 좋아보였다. 왜 그랬을까? 지금 생각하면 내 눈에 콩깍지가 단단히 씌었던 게 틀림없다.

남편과 처음 사귈 때 이야기 나누었던 나름의 연애 철학이 있다. "너 없으면 못 살아"가 아니라 "혼자서도 잘 살지만 같이하면 더 잘 살 수 있어"가 되도록 할 것. 나는 남자에게 의존하기보다 혼자서도 씩씩하게 잘 사는 여자가 되어야겠다고 늘 생각했다.

나중에 칼릴 지브란 Kahlil Gibran의 《예언자》를 보다가 결혼에 대한 글을 읽으면서 나는 무릎을 탁 쳤다. 우리가 생각한 것도 바로 저거야 하면서 말이다. 그중 몇 구절만 옮겨 본다.

함께 있되 거리를 두라.
그래서 하늘 바람이 너희 사이에서 춤추게 하라.

서로 사랑하라.
그러나 사랑으로 구속하지는 마라.
그보다 너희 혼과 혼의 두 언덕 사이에 출렁이는 바다를 놓아두라.

함께 노래하고 춤추며 즐거워하되 서로는 혼자 있게 하라.
마치 현악기의 줄들이 하나의 음악을 울릴지라도

줄은 서로 혼자이듯이.

함께 서 있으라. 그러나 너무 가까이 서 있지는 마라.
사원의 기둥들도 서로 떨어져 있고
참나무와 삼나무는 서로의 그늘 속에선 자랄 수 없으니.

참 마음에 와 닿는 글이다. 함께 있되 시원한 바람이 불 수 있도록 거리를 두고, 어두운 그늘을 드리우기보다 서로에게 환한 햇볕이 들 수 있게 해준다면 따로 또 같이 더 크게 자랄 수 있으리라.

나는 그 의자를 꼭 보여주고 싶어 아이들과 남편을 불렀다.

"나중에 엄마 아빠한테도 이런 의자 만들어줄래?"

"어디에요?"

어디가 좋을까? 아이들도 자주 올 수 있는 곳이면 좋겠지. 남편과 같이 다녔던 모교의 숲은 어떨까? 아니면 제주도의 푸른 바다가 보이는 어딘가도 괜찮을 것 같다.

나는 그곳을 오래 기억하고 싶어 쑥스럽지만 아이들에게 사진을 찍어달라고 부탁했다. 그리고 남편과 손을 꼭 잡고 그 의자에 앉아보았다. 따로 또 같이, 하늘 바람이 둘 사이에 춤출 수 있기를, 맞잡은 손 사이로 바다가 출렁일 수 있기를 바라며….

마오리어로 함께 부른
연가

카이타이아 Kaitaia는 뉴질랜드의 최북단인 레잉가 곶 Cape Reinga으로 가기 위해 주로 들르는 곳이다. 하지만 우리에게는 누군가를 만난다는 설렘이 더 컸던 곳이다. 카이타이아에는 '카우치서핑 Couch Surfing, 외국인 여행자에게 무료로 숙소를 제공하고 문화를 나누는 전 세계 커뮤니티'을 통해 알게 된 앤드류와 리사 가족이 우리를 기다리고 있었다.

카이타이아에 도착한 우리는 먼저 시내를 한 바퀴 둘러보았다. 북쪽에서 가장 큰 도시라고 해도 여느 뉴질랜드의 도시들처럼 카이타이아는 아담하고 소박했다. 맨 먼저 멋진 도서관이 눈에 들어왔다. 도서관이 있는 곳은 시청과 박물관 등을 함께 쓰도록 설계한 복합 건물인데, 더 큰 도시에서도 볼 수 없었던 문화 공간과 도서관 덕분에 카이타이아는 첫인상부터 호감이 들었다.

도서관을 잠깐 둘러본 뒤 앤드류가 알려준 집주소로 찾아갔다.

카이타이아 시내에서 10킬로미터쯤 떨어진 한적한 곳이었다. 도심에서 조금만 벗어나도 집이 드문드문 있었고, 사람도 보기 어려웠다. 꼬불꼬불한 길을 돌아 찾아간 그 집도 야트막한 언덕 위에 외따로 있었다.

"헬로! 헬로! 웰컴!"

앤드류는 두 팔 벌려 우리를 환영해주었다. 뒤이어 환히 웃으며 우리를 반겨준 리사는 마오리족이었다. 영국에서 건너간 백인 이주민의 후손과 뉴질랜드에 원래 살았던 원주민인 마오리족이 만나서 결혼한 부부였다. 둘은 겉모습처럼 다른 점도 많아 보였다. 하지만 전 세계에서 찾아온 여행자들을 아무 대가없이 맞아주고 스스럼없이 친구가 되어주는 걸 보면, 사람들을 향한 열린 마음만은 아주 잘 통하는 듯했다.

특히 리사는 무척 싹싹하게 마오리 이야기를 많이 들려주었다. 뉴질랜드 어디에서도 마오리 문화는 그저 관광 자원일 뿐, 그들의 살아 있는 이야기를 만날 기회는 별로 없었다. 우리는 관광 상품이 된 마오리 문화가 안타깝게 느껴져서 관광객에게 보여주기 위한 마오리족 마을이나 '춤쇼' 등을 하는 곳에는 일부러 가질 않았다. 리사 덕분에 뉴질랜드 역사에 숨겨져 있던 마오리 이야기가 우리에게도 크게 와 닿았다.

뉴질랜드에 발을 디딘 영국인들은 원주민인 마오리족과 소유권 다툼을 벌이다가 '와이탕이 조약'을 맺었다. 그 조약은 뉴질랜드의 주권은 영국 국왕에게 있고, 토지 매각은 영국 정부만 할 수 있으며, 마오리족은 영국 국민으로서 권리를 인정받는다 등의 내용을 담고 있다. 이 와이탕이 조약은 전 세계에서 유일하게 원주민과 이주민이 공평하고 평화롭게 조약을 맺었다는 평가를 받고 있다는데, 과연 그럴까? 게다가 마오리어 따로, 영어 따로로 조약서를 만들어 마오리족은 불리한 내용도 모른 채 서명했다고 한다.

리사의 이야기를 들어보면, 리사의 할머니는 학교에서 마오리 말로 이야기하다가 영국인 선생님에게 손바닥을 맞았다고 한다. 이렇게 마오리 말을 못 쓰게 하니 아이들은 집에서도 마오리 말을 쓰지 않게 되고, 말뿐만 아니라 마오리 문화도 점점 사라지게 되었던 것이다.

하지만 마오리족의 고유한 문화를 지켜야겠다는 움직임이 점점 커지고 있다고 한다. 리사의 턱에는 마오리 문양의 문신이 새겨져 있었다. 문신은 마오리족 특유의 문화인데, 문신을 하는 사람들이 줄어들다가 요즘은 다시 문신한 사람들이 늘어나고 있다고 했다. 처음에는 좀 낯설고 이상해보였던 리사 턱의 푸른 문신도 마오리족의 고유한 문화라고 생각하니 사뭇 다르게 느껴졌다.

요즘 뉴질랜드에서는 마오리어와 영어 모두를 공용어로 사용하고 있어서 국가도 마오리어와 영어 순서로 부르고, 학교에서도 마오리어가 필수는 아니지만 가르치는 곳이 늘어나고 있다고 했다. 뉴질랜드 의회에서도 마오리 원주민 혈통만 당원이 될 수 있는 마오리당의 영향력이 크다고 했다. 우리가 가보았던 테파파 국립박물관에서도 전시물마다 마오리어와 영어를 같이 쓰고 있었고, 도서관에서도 마오리어 책들을 모아놓은 서가가 따로 있었다. 그런 노력들 덕분에 마오리 문화가 전보다 훨씬 존중받고 있다는 리사의 말을 들으니, 다행이다 싶었다.

리사는 외손녀 로쿠라와 함께 살고 있었는데, 로쿠라는 집에서 리사와 마오리 말로 이야기를 나누었다. 마오리족도 일상생활에서는 주로 영어를 쓰는데, 리사와 로쿠라가 마오리 말로 대화를 나누는 모습이 우리에겐 신기해보였다. 어린 손녀가 마오리 말과 정신을 잊지 않도록 하려는 외할머니 리사의 마음을 읽을 수 있었다.

어느 날 저녁, 리사의 이야기를 재미있게 듣고 있다가 문득 우리가 뉴질랜드 여행을 하면서 즐겨 부르던 〈연가〉가 마오리 민요라는 사실이 떠올랐다.

"리사, 이 노래 알아요? 비바람이 치던 바다, 잔잔해져 오면~ 그대 언제 오시려나, 저 바다 건너서~."

나는 우리말로 〈연가〉의 앞부분을 불러보았다. 순간 리사의 눈이 반짝거렸다. 한국어 가사를 알아들었을 리는 없고, 분명 멜로디가 귀에 익었나 보다.

"아, 어떻게 이 노래를 알아요? 마오리 노래 맞아요. 슬픈 노래죠."

우리는 한국에서도 〈연가〉를 아는 사람이 많다고 말해주었고, 한국 전쟁에 참전했던 뉴질랜드 병사를 통해 이 노래가 알려지게 되었다는 이야기도 들려주었다.

"이 노래, 마오리 말로 한번 불러볼래요?"

리사와 로쿠라가 마오리 말로 나직하게 노래를 부르기 시작했다.

"포 카레카레 아나, 나 와이 오 와이아푸 Po karekare ana Nga wai o Waiapu, 휘티 아투 코에 에 히네, 마리노 아나 에 Whiti atu koe E hine Marino ana e."

조용히 듣고 있던 우리는 다음 소절을 우리말로 같이 불렀다.

"저 하늘에 반짝이는 별빛도 아름답지만, 사랑스런 그대 눈은 더욱 아름다워라~."

어느새 노래는 한국어와 마오리어의 이중창으로 화음을 이루고 있었다.

"에 히네 에 호키 마이 라E hine e Hoki mai ra. 카 마테 아호우 이 테 아로하 에Ka mate ahau i Te aroha e."

"그대만을 기다리리. 내 사랑 영원히 기다리리~."

노래가 끝나자 우리는 웃으면서 함께 박수를 쳤다. 박자도 잘 안 맞고, 중간 중간에 음정도 어긋났지만 다른 언어로도 같은 노래를 부를 수 있다는 것, 그렇게 서로 통할 수 있다는 것만으로도 가슴이 벅찼다. 뉴질랜드에 온 지 두 달이 다 되어서야, 진짜 뉴질랜드를 만났다는 느낌이 들었다.

포 카레카레 아나마오리족의 전통 민요

와이아푸의 바다엔 폭풍이 불고 있지만
Po karekare ana Nga wai o Waiapu
그대가 건너갈 때면 그 바다는 잠잠해질 거예요.
Whiti atu koe E hine Marino ana e
그대여, 내게로 다시 돌아오세요.
E hine e Hoki mai ra
너무나도 그대를 사랑하고 있어요.
Ka mate ahau i Te aroha e

그대에게 편지를 써서 반지와 함께 보냈어요.

Tuhituhi taku reta Tuku atu taku ringi

내가 얼마나 괴로워하는지 사람들이 알 수 있도록 말예요.

Kia kite to iwi Raruraru ana e

그대여, 내게로 다시 돌아오세요.

E hine e Hoki mai ra

너무나도 그대를 사랑하고 있어요.

Ka mate ahau i Te aroha e

뜨거운 태양 아래에서도 내 사랑은 마르지 않을 거예요.

E kore te aroha E maroke i te ra

내 사랑은 언제나 눈물로 젖어 있을 테니까요.

Makuku tonu i aku roimata e

그대여, 내게로 다시 돌아오세요.

E hine e Hoki mai ra

너무나도 그대를 사랑하고 있어요.

Ka mate ahau i Te aroha e

아이의 눈높이로
본다는 것

"괜찮으니까 그냥 내려와!"

은이는 까마득한 모래언덕 위에 30분 넘게 서 있었다. 은이의 얼굴은 점점 굳어졌다. 보다 못해 옆에 있던 한 외국 청년이 은이에게 샌드보드 타는 자세를 알려주었다. '할 수 있다'며 은이를 격려하는 모습이 멀리서도 어렴풋하게 보였다. 하지만 은이는 샌드보드에 엎드려서 꼼짝도 하질 않았다.

타즈만 해와 태평양이 만나는 뉴질랜드의 최북단 지점인 레잉가 곶을 보고 돌아가는 길에 테파키 모래언덕 Tepaki Sand Dune 에 들렀다. 모래언덕은 끝도 없이 이어져 마치 사막 같았다. 빌려온 샌드보드로 낮은 모래언덕에서 타는 연습을 하다가 제일 높아 보이는 언덕에 올라 도전해보는 참이었다.

남편과 나는 은이를 계속 쳐다보았다. 떨고 있을 아이를 생각하니, 당장이라도 올라가서 손을 붙잡고 데려오고 싶었다. 하지만 참고 기다렸다. 은이에게도 기회를 주고 싶었다. 그동안 준이는 몇 번이나 모래언덕에 올라 샌드보드를 탔다.

"꺄아악!"

내려올 때마다 준이는 환호성을 질렀다. 타고 나면 얼굴과 온몸이 모래투성이인데도 마냥 재미있나 보다. 그런데 은이는 한 번도 타고 내려오질 못하고 있었다.

'그냥 한번 눈 딱 감고 내려오면 되지, 저렇게까지 겁내다니….'

나는 10분이 한 시간처럼 느껴졌다. 마침내 은이가 조금씩 움직이는 게 보였다.

'그래, 그렇게 하면 돼. 얼른 내려와!'

입 안이 바짝바짝 말랐다. 드디어 은이가 내려오기 시작했다. 은이의 얼굴은 점점 울상이 되었다. 내려올수록 속도가 붙고 점점 빨라져 중심을 못 잡고 비틀거리기도 했다. 모래언덕 위에서 보낸 시간은 너무나 오래였지만 내려오는 건 아주 금방이었다.

멈춰선 은이의 얼굴은 눈물과 모래 범벅이었다. 나는 얼른 달려가서 은이를 일으켜 세우고 안아주었다. 도와주던 청년도 박수를 쳐주었다.

"잘했어. 정말 잘했어!"

은이는 울먹울먹했다. 그 모습을 보니 안쓰러움이 밀려왔다.

"그렇게 힘들면 걸어 내려오지 그랬어?"

"그럴까 망설였는데… 옆에서 아저씨가 자꾸 도와주려고 하니까 그냥 갈 수가 없었어요."

／샌드보드 타고 제일 높은 모래언덕에서 도전해보기!

"그랬구나. 그래도 잘했어. 용기 낸 거 정말 훌륭해."

나는 은이를 꼭 안아주었다.

은이는 어릴 때부터 참 겁이 많았다. 넘어질까 겁나서인지 걷는 것도 돌이 한참 지나서야 걸었고, 의자에 나뭇잎 조각이 붙어 있는 걸 봐도 벌레가 아니냐며 내 뒤로 숨었다. 그날도 여지없이 겁 많은 은이의 진가를 발휘했던 것이다.

저 멀리 먹구름이 보였다. 변화무쌍한 뉴질랜드의 날씨답게 언제 비가 내릴지 몰랐다. 준이랑 남편은 아쉬운지 샌드보드를 딱 한 번씩만 더 타겠다고 했다.

"엄마도 한번 타보세요!"

준이가 내게 말했다. 그 높은 데까지 올라가는 것도 귀찮고 썩 내키지도 않았지만, 그래도 도전하는 엄마의 모습을 보여주고 싶었다.

"엄마 한 번만 타고 내려올게!"

나는 보란 듯이 은이에게 손가락으로 브이 자를 그리며 모래언덕을 올랐다. 온통 모래투성이라 발이 푹푹 빠지고, 생각보다 높아서 오르기가 쉽지 않았다. 리프트 없는 스키장을 걸어서 올라가는 기분이랄까?

드디어 모래언덕 정상에 올랐다. 아래를 내려다보는 순간, 눈앞이 아찔했다. 그렇게 높을 줄은 정말 몰랐다. 적어도 아파트 5층 높이는 되어 보였고, 아래를 볼수록 다리가 후들후들 떨렸다. 게다가 경사도 거의 수직에 가까운 듯했다.

'아, 이래서 은이가 무서워했구나!'

사실 은이가 그렇게까지 못 내려오고 뜸을 들이는 게 이해가 되질 않았다. 은이의 소심함을 어떻게 고쳐주어야 하나 고민하기도 했다. 하지만 내가 직접 올라와보니 정말 겁이 날만 했다. 은이가 겁이 많은 건 내가 물려준 유전자 때문이라는 것도 확실하게 깨달았다. 나는 놀이공원에 가도 바이킹이나 롤러코스터처럼 빠르고 무서운 건 절대 못 타는 사람이었으니 말이다.

나는 비장한 마음으로 다시 아래를 내려다보았다. 아이들과 남편이 개미처럼 작게 보였다. 은이는 내가 은이를 볼 때처럼 걱정스럽게 나를 쳐다보고 있었고, 준이는 어서 내려오라고 손을 흔들었다. 이제 와서 못 타겠다고 하면 엄마 체면이 말이 아닐 것 같았다. 자꾸 생각할수록 더 겁이 났다. 일단 샌드보드를 바닥에 깔고 그 위에 엎드렸다. 이를 꽉 물었다. 그리고 발로 모래를 밀면서 몸을 앞으로 기울였다.

"으아악!"

저절로 비명이 터져 나왔다. 내려가는 속도는 점점 빨라졌고, 내 눈앞은 캄캄해졌다. 눈을 떠보니 벌써 아래에 도착해 있었다. 끝났다는 안도감이 밀려왔다. 나는 얼굴과 입에 묻은 모래를 털면서 비틀비틀 일어났다. 눈물도 찔끔 나왔지만 그래도 억지로 웃는 척했다.

"와, 정말 무섭더라. 그래도 엄마 잘했지?"

그렇게 말하는 나를 보며 은이는 빙그레 웃어주었다.

사막을 떠나 숙소로 돌아가는 길, 조금 전의 일이 계속 떠올랐다. 우리는 각자 선 자리에서 자신의 눈높이로만 바라보곤 한다. 아래에서 위를 쳐다볼 때에는 은이가 왜 저렇게까지 무서워하는지 이해가 되질 않았다. 하지만 은이가 있었던 그 자리에 서보니 100퍼센트 공감이 갔다.

 엄마의 눈높이가 아니라 아이의 눈높이에 서보는 것. 아이를 온전히 이해하기 위해서는 꼭 필요한 일이다. 왜 저만큼 못하고, 왜 저렇게 겁이 많고, 왜 저렇게 느린지… 늘 아이 탓만 하고, 내 눈높이로만 아이를 바라보진 않았는지 깊이 반성했다.

 아이의 행동과 말이 도저히 이해되지 않는다고 혀를 차고 싶을 때마다, 모래언덕에 올랐던 그 순간을 떠올려보려 한다. '아이가 있는 그 자리에 서보면 나도 알게 될 거야!'라고 속삭이면서.

새 키위, 과일 키위, 사람 키위

뉴질랜드에는 세 가지 키위가 있다. 키위 새, 키위 과일, 키위 사람! 이렇게 과일과 동물, 사람이 같은 이름을 가지게 된 이유는 키위 새에서 시작한다.

키위는 뉴질랜드를 상징하는 새다. 하지만 날지 못하는 새라 여러 동물들한테 위협을 당해 한때는 멸종 위기까지 겪었는데, 지금은 꾸준히 보호하고 있어 그 수가 늘어나고 있다고 한다. 사자나 독수리처럼 강하고 힘센 동물도 아닌 키위 새가 뉴질랜드를 대표하는 동물이라니, 참 재미있다.

과일 키위는 원래 중국이 원산지로, 뉴질랜드에서는 키위 새를 닮았다고 해서 이름이 키위가 되었다. 정말 키위 새의 털과 과일 키위의 껍질은 갈색의 까칠까칠한 모습이 아주 비슷하다. 키위는 원산지가 뉴질랜드라고 착각할 정도로 뉴질랜드를 상징하는 과일이 되었으니, 이름값을 톡톡히 한 셈이다.

    키위는 수입도 많이 하고, 또 우리나라에서도 재배하고 있어 자주 먹는 과일이지만 키위가 어떻게 자라는지 실제로 본 적은 없기에 타우랑가Tauranga 근처의 키위 농장을 찾아갔다.

    우리가 갔던 2월은 뉴질랜드의 여름이라 키위가 한창 익어가는 철이었다. 포도처럼 덩굴을 타고 키위가 주렁주렁 달려 있었다. 크기가 제법 큰 키위를 하나 따서 먹고도 싶었지만, 뉴질랜드의 가을인 4, 5월이 되어서야 잘 익은 키위를 먹을 수 있다고 했다. 꿀꺽! 우리는 먹음직스러운 키위를 보면서 침만 흘렸다.

    또 한 가지 재미난 점은 키위는 뉴질랜드 사람들을 부르는 말이기도 하다는 것이다. 한번은 뉴질랜드 사람에게 물어봤다.

    "키위라고 불리는 게 기분 나쁘지는 않나요?"

    "괜찮은데요. 우리를 독특하게 표현할 수 있잖아요."

    뉴질랜드 사람들은 새 이름으로 불리는 것에 오히려 거리낌이 없었다. 국적을 말할 때 '키위'라고 하면서 자신을 소개하는 뉴질랜드 사람들도 많았다.

    키위 새는 1달러 동전에도 새겨져 있고 각종 기념품들도 많았지만, 실제로 보지는 못했다. 야행성이라 낮에는 활동하지 않을 뿐 아니라 아무 숲에서나 볼 수 있는 흔한 새가 아니었다. 과일 키위도 보고 사람 키위도 봤지만, 뉴질랜드에서 키위 새를 보지 못해 아쉬움이 컸다.

    그런데 뉴질랜드를 떠나기 전, 드디어 키위 새를 볼 기회가 생겼다. 카이타이아에서 오클랜드로 다시 내려가는 길에 들른 왕가레이

Whangarei에서 우리는 키위 하우스를 방문했다. 그곳에는 박물관과 민속촌처럼 옛날 모습을 재현해놓은 야외 공원도 있었는데, 우리의 최대 관심사는 단연코 키위 새였다.

키위 새가 사는 곳으로 들어가니 나무와 돌, 흙을 야생 그대로의 모습으로 꾸며놓고 밤처럼 어둡게 조명 시설을 해놓았다. 꽤 넓은 공간이었는데도 그곳에 사는 키위는 딱 두 마리뿐. 키위 새는 영역 다툼이 심해서 여러 마리가 같이 있으면 스트레스를 받기 때문이라고 한다. 표 파는 사람이 키위 새가 자거나 숨어 있으면 못 볼 수도 있다고 했기에 우리는 못 볼까봐 마음이 조마조마했다.

숨을 죽이고 키위 새를 기다렸다. 아무리 기다려도 나타나질 않아 위치를 옮겨가면서 찾아보기도 했다. 그때, 반대편에 있던 남편이 조용히 손짓을 했다. 얼른 가보니 뭔가가 움직이고 있었다. 키위 새였다. 우리가 생각했던 것보다 몸집이 컸고 뾰족한 부리도 길었다. 키위 새는 부리로 뭔가를 쪼면서 이리저리 다녔는데, 뒤뚱뒤뚱 걷는 모습도 귀여웠다.

"와…, 정말 키위 새다!"

아이들은 키위 새가 놀랄까봐 소곤거리면서 감탄을 했다. 드디어 키위 새를 보다니! 못 보고 갈 줄 알았던 키위 새를 보니 더 반가웠고, 사진으로만 보던 키위 새를 실제로 보니 신기했다. 아이들은 키위 새를 봤던 그 순간을 두고두고 이야기했고, 세 가지 키위 덕분에 뉴질랜드의 추억은 세 배로 많아졌다.

새 키위, 과일 키위, 사람 키위!

뉴질랜드의 세 가지 키위, 새 키위, 과일 키위, 사람 키위!

마음 부자
윌리엄의 카라반

키위 새를 만난 왕가레이에서 우리는 또 한 사람을 만났다. 카우치서핑을 통해 알게 된 윌리엄이었다. 우리 가족이 하룻밤을 지낼 수 있는지 묻는 내 이메일에 그는 흔쾌히 환영한다는 답장을 보내왔다. 다만, 카라반이동식 주택이라 좀 불편할지도 모르고 침대가 좁아 두 명은 바닥에서 자야 한다면서 괜찮겠냐고 물었다. 도대체 어떤 카라반일지 궁금했지만, 어떤 곳이든 우리를 묵게 해주는 것만으로도 고마울 따름이었다.

윌리엄이 알려준 주소로 찾아가보니 3층짜리 공동 주택이었다. 그런데 윌리엄의 카라반은 그 건물이 아닌 마당에 있었다. 그리고 주차장 옆에는 우리가 묵을 또 다른 카라반이 있었다.

윌리엄은 환하게 웃으며 우리를 반겨주었고, 차 한잔하자는 그를 따라 카라반 안으로 들어갔다. 윌리엄은 은퇴 후 혼자 사는 할아버지였다. 냉장고에는 뉴질랜드 곳곳에 흩어져 산다는 아들딸의 사진과 다 큰 손자랑 어깨동무하고 찍은 사진이 붙어 있었다. 안쪽의 침실은 침대 하나가 들어갈 정도로 작았고, 비행기 화장실보다 훨씬 좁은 욕실에는 작은 변기와 세면대가 마주보고 있었다. 그리고 작디작은 부엌까지 모든 게 최소형이었다. 거실로 쓰는 공간은 소파와 텔레비전만으로도 꽉 찼고, 텔레비전 옆에는 윌리엄이 즐겨본다는 영화 비디오테이프들이 잔뜩 쌓여 있었다. 밖에서 본 것보다 더 낡고 좁았지만, 그래도 있을 건 다 있었다.

윌리엄의 카라반에는 우리 말고도 프랑스에서 온 젊은 커플이 먼저 와 있었다. 앉을 자리가 없을 정도로 비좁은 카라반에 일곱 명이 들어와 있으니, 엘리베이터에서 정원 초과할 때 삑 울리는 경보음이라도 날 것 같았다. 내 걱정을 눈치챘는지 윌리엄은 여기에 열 명이 넘게 온 적도 있으니 걱정 말라고 하면서 웃었다.

저녁 시간이 되자 윌리엄은 스파게티를 대접하겠다고 했다. 우리는 저녁밥까지 해준다는 말에 너무 미안했지만, 그렇게 베풀고 나누는 게 윌리엄의 기쁨인 듯해서 감사하게 받기로 했다. 윌리엄이 스파게티를 준비할 동안 우리는 근처 슈퍼마켓에서 후식으로 먹을 과일과 윌리엄에게 선물할 와인을 한 병 샀다.

윌리엄은 카라반 대신 마당에 식사 자리를 마련했다. 삐걱거리는 플라스틱 테이블에 여기저기서 찾아온 의자들, 즉석에서 멋진 저녁 식탁이 만들어졌다. 거기에 우리 가족과 프랑스 커플, 윌리엄까지 모두 일곱 명이 옹기종기 모여 앉았다. 윌리엄은 토마토소스에 냉동 야채들을 넣어서 만든 스파게티를 내놓았다. 소박했지만, 따뜻하

↗ 우리가 묵었던 작은 카라반!

고 맛있는 저녁이었다.

주차장 옆 자투리땅에 있는 또 다른 카라반은 침대 한 개로 거의 꽉 차는 작은 카라반으로, 윌리엄이 직접 만들었다고 한다. 그날 밤, 프랑스 커플은 차고에서 침낭을 펴고 잔다고 했다. 내가 괜찮겠냐고 물으니, 그들은 몇 달 동안 여행하면서 이보다 더한 곳에서도 자 보았다면서 웃었다.

우리가 묵을 카라반에는 화장실이 없어서 마당에 텐트로 만들어놓은 간이 화장실을 써야 했다. 누가 텐트를 휙 들출 것 같고, 밤에는 불이 없으니 깜깜해서 잘 안 보였다. 윌리엄이 걱정했던 것처럼 침대가 좁아서 어른들은 바닥에서 자야 했고, 야외의 화장실 가는 것도 쉽진 않았지만 그래도 마음만은 더없이 감사했다. 불편함을 몸소 체험해보니 우리에겐 딱 하룻밤뿐이지만, 좁은 카라반에서 365일을 살아가는 윌리엄이 대단해보였다.

떠나기 전, 그가 끓여준 홍차를 마시며 물었다.

"왜 카라반에서 사시는 거예요?"

윌리엄의 대답은 의외였다.

"집값이 싸서요. 저 옆에 있는 건물에 살면 내 연금의 반 이상이 집값으로 나가는데, 이 카라반은 일주일에 50달러 우리 돈으로 4만 원쯤 만 내면 되거든요. 하지만 옆 건물이 팔려서 여기서도 곧 나가야 할 것 같아요. 나도 내 집을 짓는 게 꿈이에요. 그럼, 더 많은 사람들이 우리 집에 올 수 있겠죠."

윌리엄은 아무렇지도 않게 말했지만, 나는 갑자기 부끄러웠다. 경제 사정 때문인 줄도 모르고, 카라반에서 사는 것이 캠핑처럼 뭔가

특별한 취미일 거라고 생각했다니…. 나도 모르게 착각을 했었다. 이렇게 아무 대가 없이 사람들을 묵게 해주는 걸 보면 경제적으로 여유 있는 할아버지일 거라고 말이다. 하지만 막상 와보니 카라반 생활은 너무나 소박했으며, 윌리엄은 다만 마음이 넉넉한 부자였던 것이다.

경제적으로 여유가 있어야 내가 가진 것도 나누고 남도 도와줄 수 있다고 생각했던 나에게 윌리엄은 커다란 마음의 울림을 주었다.

나눔이라는
행복의 비법

mom's note

그곳을 떠나온 뒤로도 윌리엄의 카라반이 내내 마음에 남았다. 준이에게 물었다.

"윌리엄이 어렵게 살면서도 사람들을 맞아주는 이유가 뭘까?"

"좋은 사람이 되고 싶어서?"

뭔가에 열중하고 있던 준이는 지나가는 말처럼 대답했다. 신통치 않은 대답처럼 들렸지만, 곰곰이 생각해보니 맞는 말 같기도 했다.

우리는 모두 좋은 사람이 되고 싶어 한다. 좋은 사람이 되는 방법에는 여러 가지가 있다. 그중 하나는 나누는 삶이다. 나눔은 남뿐만 아니라 나까지도 행복하게 해준다.

미국인 의사인 앨런 룩스 Allan luks가 《선행의 치유력 The Healing Power of Doing Good》이라는 책에서 썼던 '헬퍼스 하이 Helpers High'란 남을 도울 때 사람들은 정서적으로 충만한 기분을 느끼고, 또 그 사람의 신체에 긍정적 변화가 일어나는 현상을 말한다고 한다.

동생이 일하던 국제구호단체인 '국경 없는 의사회'에서 활동하는 어느 산부인과 의사의 인터뷰를 본 기억이 난다. 일하던 대학병원도 그만두고, 의술을 더 값지게 쓸 수 있는 곳을 찾다가 우연히 하게 된 의료봉사가 그의 삶을 얼마나 크게 바꾸어놓았는지에 대한 이야기였다.

그분은 의료 시설이 전혀 없는 열악한 분쟁 지역에서 산모와 아기의 생사가 달린 진료와 수술을 하느라 힘들어 쓰러지기도 했지만, 서서히 자신이 행복해지는 것을 느꼈다고 한다.

"다른 사람의 눈을 보면서 내가 정말 사랑받고 있다고 느낄 때 가장 큰 행복감을 느낄 수 있어요."

그 행복한 기분은 '남이 나에게 주는 선물 같은 것'이라는 그 의사의 말에서 '헬퍼스 하이'를 떠올릴 수 있었다. 윌리엄의 편안한 미소와 적지 않은 나이에도 건강함을 잃지 않는 비결도 다 '헬퍼스 하이'의 힘이 아닐까. 윌리엄도 행복하고, 또 그의 카라반을 찾아온 다른 이들까지 행복하게 해주는 비법은 바로 '나눔'이라는 두 글자에 담겨 있었다.

아프지 말거라,
그거면 됐다

두 달간의 뉴질랜드 여행 내내 아이들이 건강하게 잘 지내서 참으로 고마웠다. 아이가 아프면 엄마들은 자신이 아픈 것보다 더 힘들고 마음이 아프기에, 아이들이 건강한 것만으로도 감사했다.

문득, 생각나는 노래 하나가 있다. 집에 텔레비전이 없어서 평소에는 거의 보질 않는데, 사람들이 두고두고 이야기하는 장면이나 노래가 있으면 궁금해서 찾아보곤 한다. 오디션 프로그램에 나와 화제가 된 노래 〈엄마로 산다는 것은〉도 그중 하나였다.

엄마들은 아이가 밥은 잘 먹고 다니는지, 무슨 일은 없는지, 힘들진 않는지 늘 걱정한다. 하지만 엄마의 마음과는 달리 아이들의 반응은 서운하고 섭섭할 때가 많다. 그런 엄마들의 인생을 잔잔하게 담은 노래였다.

늦은 밤 선잠에서 깨어

현관문 열리는 소리에

부시시한 얼굴

아들, 밥은 먹었느냐.

피곤하니 쉬어야겠다며

짜증 섞인 말투로

방문 휙 닫고 나면

들고 오는 과일 한 접시

엄마도 소녀일 때가

엄마도 나만 할 때가

엄마도 아리따웠던 때가 있었겠지.

그 모든 걸 다 버리고

세상에서 가장 강한 존재

엄마, 엄마로 산다는 것은

아프지 말거라, 그거면 됐다.

— 〈엄마로 산다는 것은〉, 작사·작곡·노래 이설아

들으면서 나도 모르게 눈시울이 뜨거워졌다. 우리 모두는 엄마한 테서 태어났고, 또 딸들은 자라 누군가의 엄마가 되기에 이 노래는 공감대가 더 컸다. 기교를 부리지 않아도, 이렇듯 담담하게 사람의 마음을 울릴 수도 있구나 싶었다. 특히 마지막 구절은 마음 깊숙이 와 닿았다.

"아프지 말거라, 그거면 됐다."

아프지 않고 건강하게 자라길 바라는 마음. 정말 엄마들의 진심은 그렇다. 그런데 왜 현실에서는 더 많은 것을 아이에게 바라게 되는 걸까? 어릴 때에는 "건강하게 무럭무럭 잘 크기만 해다오" 하던 그 소박한 마음이 아이가 커갈수록 "남에게 뒤처지지 마라", "뭐든 잘해라", "너는 왜 그것도 못 하니" 하면서 점점 욕심이 더해져간다.

수많은 생명들을 어이없이 바다로 떠나보낸 세월호 침몰 사고를 보면서 부모들은 뼈저리게 느꼈다. 아이가 곁에 있다는 것만으로도 참으로 감사한 일임을. 그런데 시간이 갈수록 그 일이 안타깝게 잊히듯 부모들도 그 마음을 점점 잊어버린 듯하다.

늘 마음에 새기고 싶다. 팍팍한 학교생활에 시달리는 아이들을 바라보며, "이번엔 성적 좀 올려라"가 아니라 "아프지 말거라, 그거면 됐다" 이렇게 말할 수 있도록.

늘 건강하게 함께할 수 있기를…. 그것만으로도 감사한 여행이다.

4

아이와 함께 자라는 여행

중 3도
여행 다니나요?

"중 3인데 여행 다녀도 될까요?"

아이들과 여행을 자주 다닌다는 어떤 사람이 물었다. 이야기를 들어보면 아이가 고등학생이 되면 짧은 가족 휴가조차도 없어진다는데, 중 3이 되는 큰아이와 여행을 다녀도 될지 고민이라는 것이다. 일 년에 한 번이라도 멀리 떠나보고 싶은데, 큰아이가 대학생이 되어도 둘째가 또 고등학생이 되니 이젠 아이들과 여행 다니는 건 어렵겠구나 싶어 우울하다고 했다.

나도 가끔 그런 질문을 받는다. 아이들이 더 커도 이렇게 여행 다닐 거냐고. 사실 나도 고민이 많다. 첫째가 중학생이 된 뒤로는 마냥 홀가분하게 떠날 수만은 없었다. 요즘 대학 입시는 중학교부터 시작이라는데 두 달 동안이나 여행만 다녀도 될까? 남들은 학원 특강이다 뭐다 해서 복습도 하고 선행학습도 할 텐데, 우리 아이만 더 뒤처지면 어쩌지?

하지만 중학생들의 생활을 가만히 들여다보면 숨통을 틔울 시간이 절대적으로 필요해 보인다. 초등학교를 막 졸업한, 어찌 보면 아직 아이 티도 채 벗지 못했는데 하루아침에 '열공'해야 하는 청소년이 되어, 시험의 연속인 빡빡한 중학생활이 밀어닥치니 아이들로서는 버거울 수밖에 없다. 중학교 2, 3학년이 되면 벌써 예비 고등학생이 되어 공부에 대한 압박은 더욱더 거세진다.

새로운 것을 보고 느끼면서 더 넓은 세상을 만나고, 좋은 친구들을 사귀면서 한창 놀기도 해야 하고, 몸도 마음도 쑥쑥 자라나야 할 나이가 바로 꽃 같은 10대 시절이 아닌가.

특히나 15세는 인생의 골든타임이라고 한다. 부모에게 의존하던 아이가 독립적인 인격체로 어른이 될 준비를 하고 호르몬이나 뇌, 심리구조도 변화무쌍하게 바뀌는 때가 바로 이 시기다. 이때를 전후로 받는 교육이나 또래와의 관계, 다양한 경험들은 성장 발달 단계에서도 매우 중요하다고 한다. 이런 골든타임은 아무 때나 오지 않는다. 지금은 무조건 공부만 열심히 하고 나중에 대학 가서 맘껏 다양한 경험을 하라고 해도, 15세에 꼭 필요했던 골든타임은 이미 지나간 후일 것이다.

언젠가 세계의 열다섯 살을 다룬 신문 기사를 읽은 적이 있다. 어느 열다섯 살 독일 소녀의 이야기를 보며 내심 부러웠다. 학교가 끝나면 테니스를 치거나, 토론 모임에 가거나, 친구들과 빵을 굽기도 하고, 플루트도 불고, 금요일엔 춤을 배우러 간다고 했다. 그 아이들은 학원이라는 단어조차 모르고 있었다. 그렇게 소소하고 평범한

아이에게 가장 좋은 휴식은 바로 '여행'이 아닐까?

일상도 대한민국의 열다섯 살들에겐 너무 먼 꿈이다. 현실은 골든 타임이 아니라 자나 깨나 '스터디타임'이니 말이다.

원하는 대학에 가려면 중학교부터 고등학교까지 긴긴 마라톤을 해야 한다는 건 부정할 수 없는 교육 현실일지도 모른다. 하지만 하루 이틀도 아니고 중학교부터 고등학교까지 장장 6년 동안의 마라톤을 100미터 달리기처럼 전력 질주할 수 있을까? 설령 아무리 무쇠 같은 어른이라도 6년 동안 계속 긴장 상태에서 지낼 수는 없다. 아무리 튼튼하고 날쌘 자동차라도 연료가 다 떨어지면 다시 채우지 않고는 달릴 수 없다.

아이들도 긴장을 풀고 뒹굴뒹굴 놀 수 있는 방학, 학교 다닐 때에는 못 하는 걸 해보는 방학, 팍팍한 학교생활을 잘 버틸 수 있도록 에너지를 충전하는 방학! 진짜 방학은 이래야 하는 것 아닐까?

아이들이 입시라는 긴긴 마라톤을 달릴 수밖에 없다면 조금이라도 더 즐겁게 달릴 수 있도록 도와주고 싶다. 주변을 돌아볼 틈도 없이 전력 질주하라고 소리치거나 남들보다 더 빨리 앞서가라고 다그치는 대신, 먼 길에 지치지 않도록 힘을 북돋아주고 싶다. 지치고 힘들 때 새로운 에너지를 채울 수 있는, 아이에게 가장 좋은 휴식은 여행이 아닐까?

꼭 멀리 떠나는 여행이 아니어도 좋다. 어떤 학교 선생님이 아이들에게 겨울방학에 하고 싶은 일이 무엇인지 물어봤다고 한다. '가족 여행'이라는 답도 많았지만, 그 외에도 다양한 답들이 나왔다. 이틀 연속 잠자기, 여드름 없애기, 살빼기, 복근 만들기, 친구네 집에 초대받아 가보기, 친구랑 겨울바다 보기, 일본 애니메이션 자막 없이 보기 등등 아이마다 하고 싶은 일이 달랐다.

이렇게 무엇이든 공부로 결론 맺어지는 '기-승-전-공부'의 테두리에서 벗어나, 아이가 정말 해보고 싶은 게 무엇인지 귀 기울여주고 응원해주는 것만으로도 아이는 자신을 찾아가는 여행을 할 수 있고, 새로운 힘을 낼 수 있을 것이다.

앞으로 우리 가족도 아이들의 학년이 올라갈수록 한 달, 두 달씩 오래 여행하기는 어려울 것이다. 그래도 아이들과 함께하는 여행은 계속하고 싶다.

언젠가 나의 책《아이들은 길에서 배운다》를 읽은 한 독자가 나에게 이런 편지를 보냈다.

"이 책을 읽고 나서, 용기를 내어봅니다. 사실 비행기를 탈 수 있을지 자신이 없는 상태이지만, 한번 해볼 수는 있지 않을까…라고 자신에게 말해봅니다. 그리고 멀리 가지 않더라도, 아이들과 함께 숨 쉬고 이야기할 수 있는 수많은 여행을 상상하고 계획해보았습니다. 책이란 이런 것이네요. 꿈을 꿀 수 있게 되었어요."

나도 이 편지 덕분에 여행이라는 것을 다시 한 번 생각해보게 되었고, 그분께 이런 답장을 보냈다.

"네, 맞습니다. 꼭 멀리 가지 않아도 생활 속에서 작은 변화들을 만들어가다 보면 하루하루 여행하는 마음으로 살 수 있지 않을까요. 멋진 여행하시길 응원할게요!"

꼭 먼 나라가 아니더라도 좋다. 가까운 옆 동네라도 좋다. 우리나라에도 좋은 곳들이 많고, 아이와 손잡고 동네 산책만 해도 오랜만에 웃으며 도란도란 이야기 나눌 수 있는 멋진 여행이 되니까 말이다.

"중 3인데 여행 다녀도 될까요?"

이 질문에 나는 이렇게 대답해주고 싶다.

"요즘 아이들을 보면 숨 돌릴 틈도 없이 앞만 보고 달리는 것 같아요. 이렇게 늘 여유 없이 지내니 가끔씩은 신나는 여행도 하면서 몸과 마음을 재충전해야 하지 않을까요? 그래야 아이들이 새 학기, 새 학년이 되어도 지치지 않고 힘을 내죠!"

아이의 장점을
자랑해보아요

여행을 하다 보면, 가기 전에는 기대가 컸는데 막상 가보면 별로인 경우가 종종 있다. 하지만 안 좋은 점만 보다 보면, 뜻밖에 숨어 있는 좋은 점을 놓치기도 한다. 때로는 단점을 뒤집어 생각해보면 장점이 될 때도 있다.

넬슨의 민박집에 도착해서 우리가 지낼 방을 처음 보았을 때 부엌이나 거실은 위층에 있고 우리 방은 차고가 있는 아래층에 따로 떨어져 있다는 점이 썩 마음에 들지 않았다. 게다가 집 앞의 오르막길을 한 번 걸어 올라가보니 그곳에서 지낼 3주가 걱정이었다.

하지만 이렇게 단점으로 생각했던 것들이 나중에는 장점으로 바뀌었다. 아래층에 따로 방이 있으니 더 자유롭게 우리만의 공간으로 쓸 수 있었고, 높은 언덕 위에 집이 있으니 바다 전망이 아주 근사했던 것이다.

언젠가 엄마들이 주로 모이는 한 인터넷 카페에서 자기 집 아이들을 자랑해보자는 글이 올라왔다. 의외로 폭발적인 댓글이 달리기 시작했다. 공부 잘한다는 것을 자랑하는 댓글도 있었지만, 그보다는 아이만의 개성 있는 특징을 자랑한 댓글이 많았다. 나도 모르게 하나하나 다 읽어보았다. 소소한 이야기들이지만 다른 집 아이들의 좋은 점들을 읽다 보니 나까지 흐뭇해졌다.

- 인사를 밝게 잘해서 동네에서 인사 잘하는 아이로 유명하다.
- 입이 무거워 말을 함부로 하지 않고 친구들에게 의리가 있다.
- 엄마가 차려주는 밥을 잘 먹고 감사하다는 말을 잘한다.
- 일찍 자고 일찍 일어난다. 깨울 때 기분 좋게 미소를 날린다.
- 딸과 취향도, 식성도 비슷해 같이 데이트하면 쿵짝이 잘 맞는다.
- 형제간의 우애가 깊어 서로를 아끼고 챙기는 모습이 자랑스럽다.
- 아들이 주말 아침이면 토스트를 해준다. 그때마다 행복하다.
- 착하고 어리버리하다. 그 어리버리함이 웃기고 좋다.
- 낯선 사람과도 스스럼없이 잘 지낸다. 5분이면 어깨동무한다.
- 우리 아이는 항상 즐겁다. 그 모습을 보는 것만으로도 행복하다.

참 예쁜 아이들이 많았다. 댓글을 달았던 엄마들도 평소에는 단점만 보고 늘 잔소리하는데, 아이의 장점을 찾아보니 기분이 좋아진다고 이구동성으로 말했다.

어렸을 때에는 "혼자서 신발도 잘 신네", "엄마 심부름도 잘해주고 참 착해요" 하면서 눈에 보이는 아이의 행동 하나하나가 다 칭찬거리였다. 하지만 아이가 커갈수록 점점 칭찬에 인색해진다. 그러다가 중·고등학교에 올라가면 성적을 잣대로 아이를 바라보게 되고, 공부만 잘하면 모든것이 용서가 된다고들 한다.

하지만 공부만을 기준으로 아이가 못나고 잘난 것은 아니다. 숨어 있는 여러 장점들을 찾아서 끄집어내면, 엄마들의 댓글처럼 세상에서 둘도 없이 자랑스럽고 사랑스러운 아이가 될 수 있다.

고쳤으면 하는 단점들은 수없이 많지만, 나도 요즘은 아이들의 좋은 점을 더 크게 보려고 노력 중이다. 은이의 좋은 점은 뭐가 있을까?

- 쉽게 좌절하지 않고, 꾸준히 노력하는 모습이 참 예쁘다.
- 늘 긍정적으로 생각하고, 곁에 있는 사람들을 편안하게 해준다.
- 맡은 일에 책임감이 강하고, 사람들에게 한결같은 믿음을 준다.
- 엄마가 속상할 때 마음을 잘 알아주는 속 깊은 딸이기도 하다.
- 아침에 늦어서 짜증내다가도 잘 다녀오라고 뽀뽀해주면 배시시 웃는 모습이 예쁘다.

장점을 쓰다 보니 내가 생각했던 것보다 우리 딸이 참 괜찮은 아이인 것 같다. 그럼, 준이의 장점은 어떤 게 있을까?

- 성격이 시원시원해서 친구들과 잘 어울려 놀고, 운동도 잘한다.
- 놀 땐 신나게 놀고, 해야 할 일이나 공부도 잘 챙겨서 한다.
- 누웠다 하면 바로 잠이 들어, 누가 업어 가도 모르게 잘 잔다.

- 엄마가 몸이 아파서 힘들어할 때 시원하게 안마를 잘해준다.
- 요리도 잘하고, 뭐든지 맛있게 잘 먹어서 먹방을 찍는다면 팬들이 많을 것 같다.

이렇게 준이의 장점을 써놓고 보니 생각보다 귀여운 아들인 것 같다. 신기하게도 아이들의 장점을 생각하니 기분이 좋아진다.

아이의 장점을 더 크게 보아야 하는 이유가 또 하나 더 있다. 부모가 아이를 한심하고 부족하게 보면 아이는 점점 자신감을 잃어버린다. 부모가 제 아이를 못나게 보는데, 세상에 어떤 사람들이 그 아이를 괜찮은 아이라고 생각할까? 아이 스스로는 말할 것도 없고 말이다.

사실, 아이들의 재능은 다 따로 있다. 어떤 아이는 공부를 잘하고, 어떤 아이는 춤을 잘 추고, 어떤 아이는 만들기를 잘한다. 공부를 잘하는 것이 노래를 잘 부르는 것보다 더 우월한 능력일까? 그렇지는 않다. 하지만 요즘은 공부 잘하는 능력만을 제일로 치니, 공부를 못하면 무조건 못난 아이가 되고 만다. 지니고 있는 재능이 각자 다를 뿐인데 말이다.

앞으로는 나도 단점만 보고 잔소리하기보다는 아이만의 장점을 찾을 수 있도록 도와주는 엄마가 되고 싶다. 부모도 행복해지고, 아이도 자신감을 키울 수 있는 장점 찾기! 생각할수록 괜찮은 양육 비법이다. 하지만 문제는 자꾸 아이의 단점만 보는 엄마의 좁은 눈! 아이의 안 좋은 점을 보려고 할 때마다 장점이 저절로 보이는 마법의 안경이라도 있으면 얼마나 좋을까?

/ 아이만의 장점을 찾도록 도와주는 엄마가 되고 싶다.

본성대로
자란다는 것

"와, 뉴질랜드 나무는 어쩜 저렇게 클까?"

크라이스트처치의 해글리 공원 Hagley Park에서 본 나무들은 입이 딱 벌어질 만큼 컸다. 올려다보려니 고개가 아플 정도였고, 여러 명이 에워싸도 모자랄 만큼 우람한 나무가 많았다. 땅이 좋은 건지, 무슨 특별한 거름을 준 건지, 뉴질랜드 곳곳에서 커다란 나무들이 눈길을 끌었다.

뉴질랜드의 나무를 보다가, 문득 당나라 시대의 문인 유종원柳宗元이 쓴 〈종수곽탁타전種樹郭橐駝傳〉의 정원사 이야기가 떠올랐다. 옛날에 나무를 잘 기르기로 소문난 정원사 곽탁타가 있었다. 사람들이 그에게 나무 잘 기르는 비결을 물었다. 그런데 곽탁타가 말한 대답은 뜻밖이었다.

"제가 나무를 오래 살게 하고 잘 번식하게 할 수 있는 것은 아닙니다. 나무의 본성대로 자라도록 할 수 있을 뿐입니다. 나무의 본성이란 그 뿌리는 펴지기를 바라고 배토는 두루 고르기를 바라며, 흙은 원래 있던 옛것을 바라고, 뿌리를 다지기는 촘촘하기를 바랍니다. 심을 때는 자식같이 대하고 심은 다음에는 버린 듯이 하면, 천성대로 온전해지고 본성대로 자랍니다.

저는 그 성장을 해치지 않을 따름이지, 크고 무성하게 만들 수 있는 것은 아닙니다. 열매 맺기를 억압하지 않을 뿐이지, 일찍 맺고 많이 맺게 할 수 있는 것은 아닙니다. 그렇지 않은 사람들은 너무 많이 아끼고 너무 번거로이 걱정하니, 아침에 보고 저녁에 어루만지며 이미 떠났다가도 다시 돌아봅니다. 심한 경우에는 껍질을 손톱으로 파보며 살았는지, 죽었는지 알아보고 뿌리를 흔들어 빽빽한지, 성근지 살피니 나무의 본성에서 날로 벗어납니다. 비록 아낀다고 하지만 실은 해치고, 걱정한다고 하지만 실은 원수로 대합니다. 그래서 저만 못한 것입니다. 제가 또 무엇을 할 수 있겠습니까?"

잘 자랄 수 있는 기본 환경만 만들어주고, 본성대로 자라게 하는 것이 나무를 잘 기르는 비결이라면 비결이었다. 아이를 키우는 일도 마찬가지일 것이다. 곽탁타의 나무처럼 본성대로 자랄 수 있도록 심어주고 지켜보는 것만으로도 충분하다. 말은 쉬운데 왜 실천은 쉽지 않은 걸까?

좋은 인간관계는 난로 같은 관계라고 한다. 난로처럼 너무 가까이 다가가면 뜨거워서 데이고, 또 너무 멀리 떨어지면 따뜻함을 느

낄 수 없으니 가장 알맞은 거리가 필요하다는 것이다. 아이들과의 관계에서도 혹 내가 본성대로 자라지 못하게 간섭하고, 너무 가까이 다가가는 건 아닌지 늘 고민이 된다.

결국, 가장 어려운 숙제는 부모의 불안과 욕심을 내려놓는 일이다. 더 잘 키워야겠다는 욕심에 오히려 잘 자라지 못하게 하고, 불안한 마음에 지나치게 양분을 많이 주면서 오히려 말라가게 하고 있으니 말이다.

우리 집 마당에는 큰 감나무가 한 그루 있다. 이 감나무는 해거리를 하느라 두 해마다 감이 많이 열린다. 이렇게 한 해는 쉬고, 한 해는 열매를 맺으면서 스스로 힘을 나누어 쓰는 감나무의 지혜가 부럽다. 그런데 어느 해에는 분명 해거리를 하는 해인데 감이 주렁주렁 많이 열렸다. 비가 많이 오지 않아서인지 맛도 어느 해보다 달디달았다. 따로 물을 주거나 거름을 준 적도 없고, 아무것도 해준 것이 없는데 맛있는 감을 선물해주니 미안하고 또 고마웠다.

한편으로 이런 생각도 했다. 우리도 그 감나무를 곽탁타의 나무처럼 본성대로 자라게 놔두고 있는 것일까? 언제 열매를 맺고, 쉬어야 할지 나무가 스스로 조절하면서, 햇볕과 빗물만으로도 잘 자라고 있으니 말이다.

마당의 감나무를 보면서, 또 뉴질랜드의 나무를 떠올리면서 늘 마음에 새기고 싶다. 심을 때에는 자식같이 대하고 심은 다음에는 버린 듯이 하면, 천성대로 온전해지고 본성대로 잘 자란다는 것을.

부모의 능력을
다 물려줄 순 없지만

　남편은 수학을 잘했다. 나는 수학은 다 잊어버려서 아이들에게 가르쳐줄 엄두가 나질 않는데, 남편은 아이들이 어떤 문제를 물어봐도 척척 쉽게 잘 알려주곤 한다. 이렇게 수학 잘하는 아빠를 닮았으면 좋으련만, 딸은 수학을 어려워하고 수학 점수가 유난히 잘 나오질 않아 고민이다.

　세상일은 뜻대로 되는 일보다는 안 되는 일이 더 많다. 아이도 마찬가지다. 아이가 꼭 물려받기를 바라는 부모의 능력이 있지만, 안타깝게도 바람대로 안 되는 경우가 많다. 이런 건 안 닮았으면 하는 점들은 오히려 꼭 빼닮아 있는 걸 보면 유전자의 신비인지, 유전자의 심술인지 잘 모르겠다.

　또 어떤 건 부모가 물려주지 않았는데도 아이 스스로 타고나기도 한다. 나는 거의 음치에 가까운 수준으로 음감이 없는데, 은이는 어떤 음인지 다 알아내는 절대음감을 타고났다. 나는 물론 남편에게서도 물려받은 능력이 아니기에 신기할 따름이다.

부모의 유전자를 물려받기는 했지만, 아이는 부모의 복제 인간이 아니다. 부모의 안 좋은 유전자는 빼고 좋은 유전자만 물려줄 수도 없다. 내가 낳았으되, 아이가 타고난 것은 부모가 어찌할 수 없는 부분이 많다는 사실을 받아들일 수밖에.

하지만 부모가 마음먹기에 따라 좋은 것만 물려줄 수 있는 것도 있다. 바로 어떻게 살아가는지를 보여주는 '삶의 태도'다. 부모의 태도와 행동 하나하나를 아이들은 보고 듣고 배우고 또 따라 한다. 유명한 위인들만 롤모델이 되는 것이 아니라 부모는 가장 가까이에서 아이에게 큰 영향을 주는 롤모델이 된다. 그럴수록 부모라는 역할은 어깨가 참 무겁다.

나와 내 동생들이 여행을 좋아하고, 여행을 인생의 큰 가치로 생각하게 된 것은 여행을 좋아하는 부모님의 영향이 컸다. 집에 차가 없던 시절에도 부모님은 어린 삼남매를 데리고 여기저기 참 많이도 다니셨다. 버스를 타고, 텐트를 짊어지고 다니며 캠핑도 했다.

우리가 다 큰 후에는, 넉넉지 않은 형편인데도 두 분은 몇 달씩 배낭여행을 다녔고, 건강이 여의치 않은 요즘도 늘 멀리 떠나는 여행을 꿈꾸신다. 부모님의 그런 모습에서 우리는 여행의 가치를 깨닫고 배울 수 있었다.

나는 어떤 삶의 태도를 물려줄 수 있을까? 참 자신 없는 질문이다. 남들 앞에서는 잘난 척해도 아이 앞에 서면 왜 그리 부족한 점이 많은지, 엄마라는 거울 앞에선 한없이 부끄러워진다. 그래도 내가 아이들에게 물려주고 싶은 삶의 태도가 있다면 '재미와 의미'를 꼽고 싶다. 좋아하는 일을 하고, 좋은 사람들을 만나며 재미있게 살면서도 또 사회에 보탬이 될 수 있는 의미 있는 일을 하는 것. 나도 그렇게 살고 싶고, 또 아이들에게도 물려주고 싶은 삶의 태도이기에 그 길을 향해 노력하고 있다.

간디는 '내 삶이 내 메시지'라는 말을 했다고 한다. 부모의 삶이 곧 아이에겐 부모가 전하는 메시지다. 아이들이 커서 오래도록 기억하는 것은 부모의 잔소리가 아니라 부모가 살아온 삶이 아닐까?

수학 잘하는 능력은 물려줄 수 없지만, 재미와 의미를 찾아가고 어려움을 씩씩하게 헤쳐 나가는 삶의 태도는 물려줄 수 있기에 오늘도 나는 아이들과 미지의 곳으로 여행을 떠난다.

이상한 주스도
맛있는 척!

"얘들아, 어디 가보면 좋을지 찾아볼래?"

여행하면서 가는 곳마다 되도록이면 아이들이 스스로 일정을 짜게 했다. 은이는 웰링턴Wellington을 찾아보면서 빨간 케이블카를 타보자고 했고, 더니든Dunedin에서는 보태닉 가든에 가보고 싶다고 했다. 준이는 마운트 쿡 트래킹 코스를 알아보고 우리에게 알맞은 코스를 안내해주기도 했다.

어른들이 알아서 다 정한 다음 아이들을 데리고 다니는 게 아니라, 아이들 스스로 가고 싶은 곳을 찾아서 가보면 눈빛이 두 배, 세 배로 반짝거리는 걸 느낄 수 있다. 수동적으로 따라다니는 게 아니라 스스로 선택해서 가면 호기심과 흥미도가 급상승한다.

EBS 방송에서 학생들을 대상으로 학습실험을 하는 것을 본 적이 있다. A그룹의 학생들에게 한 시간 동안 80문제를 푼 다음 검사를 하겠다고 했다. B그룹의 학생들에게는 문제를 정해주지 않고, 한 시간 동안 80문제 중에서 몇 문제를 풀 수 있는지 물었다. B그룹 학생들은 각자가 풀 수 있는 문제 수를 말했고, 풀고 싶은 문제를 그만큼 골라서 풀게 했다.

뜻밖에도 결과는 반대였다. A그룹 학생들은 시간이 갈수록 집중도가 떨어지고 지겨워해서 문제를 다 풀지 못한 반면, B그룹 학생들은 스스로 결정한 문제를 풀면서 재미를 느끼고 끝까지 집중도를 유지했다. 문제를 다 푼 학생들은 오히려 B그룹이 많았다. 스스로 선택하고 결정하는 자율성이 얼마나 큰 실천 동기를 부여하는지 잘 보여준 사례다.

'결정 장애'라는 말이 있다고 한다. 엄마 말대로, 학원 선생님 말대로만 생활하고 공부해온 마마보이, 티처보이들은 의외로 작은 일도 혼자 결정하지 못하는 경우가 많다. 부모들이 다 알아서 학원도 보내주고, 진로도 정해주고, 스케줄도 다 짜주니 아이 스스로 결정하는 연습을 좀처럼 해보지 못한 것이다.

어른이 된다는 것은 용기 있게 자신의 길을 찾아가는 것이다. 설령 마음먹은 대로 잘 풀리지 않더라도 그 과정에서 스스로 헤쳐 나가는 방법을 배울 수 있으니, 실패 또한 귀한 경험이 된다. 아이에게 당장 필요한 것들을 부모가 알아서 대신 해주는 게 과연 옳을까? 당장에는 급한 문제를 해결해줄 수 있어 좋을지는 모르겠으나, 멀리 보면 아이가 스스로 성장하는 데 오히려 해가 될 수 있다. 부모의 주도성이 줄어들수록 아이의 주도성은 더 커진다는 것도 잊지 말아야 한다.

요즘은 나도 아이들이 스스로 문제를 해결하고 결정할 수 있도록 이런저런 방법을 써보고 있다. 어느 길로 가볼까? 내일 아침은 빵을 먹을까, 밥을 먹을까? 이런 것도 물어볼 때가 있다. 그리고 아이가 결정하게 한다. 사소한 것이라도 아이 스스로 결정하고 선택하는 기회를 주기 위해서다.

여행 중에는 늘 함께 움직이다 보니 장도 같이 보게 된다. 장보는 것도 아이들이 스스로 선택하고 결정하는 연습을 해볼 수 있는 좋은 기회다.

"엄마는 저쪽에 가서 반찬거리를 살게. 너희는 빵이랑 주스, 과일을 골라올래?"

뉴질랜드에선 빵이나 주스, 과일이 우리나라보다 가짓수가 많아 고르는 시간이 꽤 걸렸다. 그때마다 나는 인내심을 가지고 기다리곤 했다.

언젠가는 은이가 새로운 걸 먹어보자고 하면서 시금치 색깔을 띤 이상한 주스를 골라온 적이 있었다. 시금치도 들어가고, 여러 가지 야채와 과일을 섞은 주스였다. 가격도 다른 주스보다 비쌌다. 게다가 그 주스를 사도 잘 안 먹게 될 것 같은 예감이 거의 확실히 들었다. 하지만 은이의 결정을 존중하기 위해 눈 딱 감고 오케이!

준이는 맛이 이상할 것 같다고 반대를 했지만 나는 "새로운 시도를 해보는 것도 좋지!" 하면서 그 주스를 사주었다. 결국 예상대로 그 주스는 한 번씩 맛보고는 냉장고 속에서 줄어들지 않았다. 그렇지만 주스 값이 아깝지는 않았다. 아이가 스스로 선택하고 결정하는 경험을 할 수 있었기 때문이다.

"네가 고른 주스, 생각보다 맛있는데!"

가끔 엄마는 시금치 색의 이상한 주스도 맛있게 마셔야 할 때가 있다. 아이의 선택을 응원하기 위해, 스스로 결정하는 아이로 키우기 위해!

용기 근육 기르기

"참 용기 있어 보여요. 저는 혼자 애들만 데리고 다니는 거 무서워서 잘 못하거든요."

내가 아이들과 먼 나라로 배낭여행을 떠나는 걸 보면서 주변 사람들은 이런 말을 하곤 한다. 하지만 '용기'는 나와 가까운 말이 절대 아니다. 나는 못 말리게 소심하고 겁도 많다. 얼마나 겁이 많은지, 여행을 준비하면서 별별 걱정을 다 하고 떠나기 전날은 심란해서 잠도 잘 오질 않는다.

여러 사람들 앞에도 잘 못 서는 편이다. 첫 번째 책이 나오고 저자 특강이라는 걸 여러 번 하게 되었다. 맨 처음 했던 강연은 광명의 어느 도서관이었다. 열심히 여행 사진들도 넣고 여행 팁까지 넣은 발표 자료를 만들고, 며칠 전부터 혼자서 리허설도 해보고 만반의 준비를 했지만 여전히 떨렸다.

그런데 강연장에 들어선 순간, 떨리던 마음이 아예 얼어버리는 것 같았다. 생각보다 청중이 너무 많았던 것이다. 그때까지 나는 그렇게 많은 사람들 앞에 서본 적이 없었다.

강연이 시작되고 나는 최대한 얼굴에 미소를 지으며 이야기를 시작했다. 다들 내 또래의 엄마들이라 내 이야기에 공감하며 웃어주기도 하고, 고개를 끄덕이는 걸 보면서 마음이 조금씩 편안해졌다. 그러다가도 하려던 말이 갑자기 생각이 안 나면 또 목소리가 떨렸다. 떨릴 때에는 한 사람 한 사람 눈을 맞춰보라는 남편의 조언이 생각나 그렇게 해보기도 하면서 첫 강연을 가까스로 끝냈다. 강연이 끝나고 독자들에게 저자 사인을 해드리는 시간이 되었다. 어떤 분이 나에게 다가오더니 이런 말을 했다.

"오늘 강연 아주 잘 들었어요. 좀 떠시던데 그래서 더 좋았어요."

아, 역시나 내가 떠는 걸 다 알고 있었구나 싶어 또 마음이 콩닥콩닥. 하지만 떨어서 더 좋았다는 건 뭘까? 주위 사람들에게 그 말을 했더니, "달변의 전문 강사가 아니라 같은 엄마로서 그만큼 진실성이 느껴져서 좋았다는 게 아닐까"라는 해석을 해주었다. 그 말에 조금이나마 위로받을 수 있었다.

그 뒤로도 강연 요청이 오면 잘할 수 있을지 또 떨렸다. 못 한다고 거절할까 싶다가도 한번 용기내서 도전해보자는 마음으로 사람들 앞에 섰다. 다행히도 경험을 한 번씩 더 할수록 떨림은 줄어들고 좀 더 여유 있게 말할 수 있게 되었다. 그렇게 내 소심증과 무대 떨림증을 딛고 사람들 앞에 서게 된 과정을 스스로 지켜보면서 용기라는 것은 자꾸 써볼수록 조금씩 더 생긴다는 것을 깨달았다.

여행도 마찬가지다. 용감해서 떠나는 게 아니라, 떠나서 조금씩 더 용감해지는 것이다. 낯선 곳에서 아이 둘을 보호해야 했기에 나도 소심한 여자가 아니라 용감한 엄마가 될 수밖에 없었고, 뜻밖의 일이 생기면 아이들도 스스로 헤쳐가야 했기에 조금 더 용기를 내게 되었다. 움직이지 않고 가만히 있으면 몸에서 근육은 점점 빠진다고 한다. 운동을 해서 자꾸 써야 근육이 생긴다고 하듯이, 뭐든지 자꾸 쓸수록 더 튼튼한 근육이 생기나 보다.

그런데 요즘은 아이들이 스스로 근육을 만들도록 기다리면서 지켜보기보다는 뭐든지 대신 해주고 억지로 끌고 가는 부모가 더 많은 것 같다. 잘 걷지 못하는 아이를 부모가 마냥 손잡고 도와주면 걷는 근육이 생길 수가 없다. 결국 아이는 혼자 걸을 수 없게 된다. 부모가 언제까지 아이들을 끌고 갈 수만은 없는데 말이다.

이야기를 들어보면 부모의 과잉보호는 자식의 나이를 떠나 상상을 초월한다. 취업 준비를 하는 대학생 딸 대신 강의실에 출석하는 엄마부터, 다 큰 아들이 다니는 회사에 전화해서 편한 부서로 바꾸어달라는 엄마도 있다고 한다. 그뿐이 아니다. 같은 군입대 동기인 아들을 둔 부모들이 소대장과 함께하는 단체 카톡방을 만들었는데, 추우니 내복을 입혀달라는 부탁부터 생일이니 미역국을 챙겨달라는 부탁, 따로 챙겨먹는 감기약을 먹여줄 수 있겠냐는 부탁까지 부모들의 요구는 끝이 없었다고 한다. 자식을 걱정하는 부모의 마음은 이해하지만, 그래도 너무하다 싶었다.

나도 마찬가지고, 아직은 여러 면에서 서툰 아이들을 보면 부모로서는 어떻게든 도와주고 싶은 마음이 가득하다. 하지만 야생의

／떠나면 더 큰 용기 근육이 생긴다.

동물이든, 사람이든 부모가 자식을 키우는 이유는 스스로 독립하게 하기 위함이다. 부모가 자꾸 해주기만 하면 아이들은 스스로 독립할 용기를 내지 못한다. 여기저기 부딪히고 넘어지면서 아이들은 용기 근육도, 자립 근육도 더 단단하게 만들 수 있다.

아이가 두 발 자전거를 처음으로 혼자 타던 날이 생각난다. 세 발 자전거에서 두 발 자전거로 넘어가는 것은 아이에게도 큰 용기가 필요한 일이다. 불안한 아이는 처음에는 부모에게 뒤에서 잡아달라고 한다. 하지만 언제까지 잡아주고만 있을 수는 없다. 불안이라는 그물은 손으로 꽉 붙잡고만 있으면 더 옭아매게 되고 풀려날 수 없다. 손을 놓을 때 그 그물에서 벗어나 아이도, 부모도 더 넓은 세상을 향해 나갈 수 있다. 붙잡았던 손을 슬며시 놓고, 아이가 넘어지고 비틀거려도 스스로 달리게 해보자. 부모는 그저 응원해주고 지켜봐주는 역할이면 충분하다.

네덜란드를 여행할 때의 일이다. 당시 아이들의 나이는 열 살, 열한 살이었다. 네덜란드의 로테르담에서 수백여 명의 사람들이 인라인스케이트를 타고 도시를 한 바퀴 도는 행사에 아이들도 참여했다. 인라인스케이트를 탈 줄 몰랐던 나는 운영진들의 차를 타고 가다가 도중에 내려서 아이들을 뒤따라갔다. 하지만 아무리 빨리 걸어도 인라인스케이트의 속도를 따라갈 수는 없었다. 아이들은 곧내 시야에서 사라졌고, 나는 도착 지점까지 두 시간쯤 걸어서 겨우 갈 수 있었다.

그런데 아이들은 그곳에 없었다. 밤이 되어 깜깜해지고, 다른 사람들은 다 돌아왔는데 말이다. 그때를 돌이켜보면 지금도 가슴이 떨릴 정도로 눈앞이 깜깜한 순간이었다. 다행히도 아이들과 헤어진 후 세 시간 만에 네덜란드 시민들과 경찰의 도움으로 아이들을 다시 만났다. 앞서 가던 사람들을 놓치고 길을 잃은 아이들이 길가에 앉아 울고 있는데, 한 네덜란드 사람이 경찰에 연락해줬다고 했다. 평생 잊지 못할 밤이었다.

그때 일이 상처로 남을까봐, 나는 아이들이 그때 기억을 빨리 잊기를 바랐다. 하지만 아이들은 생각보다 씩씩했고, 그날을 가끔씩 이야기하곤 했다. 말도 안 통하는 나라에서 열 살, 열한 살 아이들이 엄마도 없이 낯선 길을 인라인스케이트를 타고 달린 것도, 깜깜한 밤에 길을 잃고 무서웠을 텐데도 서로 의지하면서 침착하게 도움을 기다린 것도 아이들은 큰 용기를 내야 하는 일이었을 것이다. 그 후로 아이들은 더 튼튼한 용기 근육을 지니게 되었으리라.

귀한 자식일수록 여행을 많이 보내라는 말이 있다. 떠나면 힘든 일도 많지만, 그만큼 더 씩씩해지고 더 크게 자랄 수 있다. 용감해서 떠나는 것이 아니라, 떠나서 더 큰 용기 근육이 생겼듯이.

흔들리지 않는 뿌리,
'좋은 습관'

"어떻게 하면 흔들리지 않고 인생을 살 수 있을까요?"

한 젊은이가 지혜로운 노인을 찾아가 물었다. 노인은 정원의 나무 네 그루를 가리키며 뽑아보라고 했다. 첫 번째 나무는 갓 심어놓아 아주 쉽게 뿌리째 뽑혔고, 두 번째 나무는 조금 힘을 주자 쑥 뽑혔다. 세 번째 나무는 심어놓은 지 꽤 되어 땀을 뻘뻘 흘리고 나서야 겨우 뽑혔다. 하지만 마지막 나무는 젊은이가 아무리 힘을 주어도 옴짝달싹하지 않았다.

그러자 노인이 말했다.

"습관이란 나무와 같다네. 오랜 습관은 깊이 뿌리내려 그것을 바꾸기가 어렵지. 흔들리지 않는 인생은 좋은 습관으로 만들어지는 법일세."

쉽게 포기하지 않는 습관, 약속을 지키는 습관, 남을 먼저 배려하는 습관, 돈을 가치 있게 쓰는 습관, 꾸준히 운동하는 습관, 작은 일에도 감사하는 습관, 고운 말을 쓰는 습관, 책을 즐겨 읽는 습관부터 밥 먹고 난 그릇은 스스로 치우는 습관까지 이런 크고 작은 습관들이 모여 뿌리 깊은 나무 한 그루가 될 수 있다.

자식을 위해서라면 뭐든지 해주고 싶은 게 부모들의 인지상정이다. 하지만 과연 부족함 없이 다 해주는 게 아이를 위한 것일까? 뭘 해주어도 감사함을 모르고, 투정과 불평만 늘어가는 아이들을 보면서 다시 생각해보게 되었다.

감사함을 느끼며 더 씩씩한 어른으로 자라도록, 되도록이면 부족하게 키우고 싶다는 게 나의 바람이다. 하지만 일상에서는 기본적인 의식주는 어느 정도 갖춰져 있기에 좀처럼 부족함을 느끼기 어렵다.

반면, 호주머니가 넉넉지 않은 배낭여행은 '부족함'을 느끼기에 아주 좋은 기회다. 쓸 수 있는 돈이 빠듯한 여행자가 되면 입에 맞는 음식만 먹을 수도 없고, 하고 싶은 걸 다 할 수도 없기에 조금씩 부족하게 지낼 수밖에 없다. 그럴수록 집밥처럼 따뜻한 밥 한 그릇만 먹어도 행복하고, 낯선 곳에서 도움을 주는 작은 손길에도 감사하게 된다. 그러면서 작은 것에도 감사하는 습관, 조금 불편해도 참는 습관을 기를 수 있다. 또 낯선 문화, 낯선 사람들을 만나다 보면 닫았던 마음을 활짝 열고 어디서나 잘 적응하는 습관도 기를 수 있다.

여행은 욕심을 버리고, 단순하고 소박하게 사는 습관도 길러준다. 여행 가방을 꾸리는 일은 고민의 연속이다. 설렘 열 보따리에 고민

열 보따리가 얹히는 가방. 무엇을 넣고 뺄지, 어떻게 하면 최대한 많이 가져갈 수 있을지 머리를 이리저리 굴린다. 그렇게 오랜 고민 끝에 꾸려진 가방은 여행하면서 꼭 필요한 것들의 정수만 모아놓은 여행자의 우주 같은 존재다. 여행하면서 그 짐을 짊어지고 다니다 보면 마음은 점점 소박해진다.

"이 가방 한 개로도 몇 달을 살 수 있는데, 왜 그렇게 많은 물건들 속에 묻혀 살고 있는 걸까?"

언젠가는 쓸 거라고 믿으며 버리지 못하는 잡다한 물건부터 몇 년 동안 입지도 않으면서 장롱을 차지하고 있는 옷들, 냉장고의 많은 음식들까지, 주변을 둘러보면 모든 게 넘쳐난다. 물건이 꽉 차 있으면 내가 들어갈 자리가 없다. 비울수록 더 채울 수 있는 인생 수납법. 여행은 그렇게 욕심을 비우고, 소박하고 단순하게 사는 습관도 얻게 한다.

우리 가족은 여행할 때마다 여행 일기장을 가지고 다니면서 틈틈이 기록을 남기고 느낀 점을 서로 나눈다. 그런 과정을 통해 주변을 관찰하고 기록하는 습관도 기르게 되었다.

부모가 아이에게 물려줄 수 있는 최고의 유산은 '좋은 습관'이다. 돈은 아무리 많이 물려주어도 쓰면 쓸수록 없어지지만, 좋은 습관은 많이 지니고 쓸수록 더 단단하게 자리 잡으니까 말이다.

인생에서
가장 먼 여행

뉴질랜드는 참 먼 나라다. 실제로 우리나라에서 가장 먼 나라는 아르헨티나라고 하는데, 뉴질랜드는 우리와 반대인 남반구에 있어서인지 심리적인 거리가 더 멀게 느껴진다. 하늘에 떠 있는 별을 보아도 우리나라와는 별자리가 다르니, 참 멀리 왔구나 싶다. 하지만 뉴질랜드보다, 아르헨티나보다 더 먼 여행도 있다.

인생의 가장 먼 여행은
머리에서 가슴까지의 여행이라고 합니다.
냉철한 머리보다 따뜻한 가슴이
그만큼 더 어렵기 때문입니다.

그러나 또 하나의 가장 먼 여행이 있습니다.

가슴에서 발까지의 여행입니다.

발은 실천입니다.
현장이며 숲입니다.

― 신영복의 〈처음처럼〉 중에서

가장 먼 길은 지구 한 바퀴를 도는 것이 아니라 사람의 머리에서 가슴까지, 그리고 가슴에서 발까지의 여행이라는 것이다. 그만큼 머리에서 깨달은 것을 가슴으로 느끼는 게 쉽지 않고, 또 느낀 것을 발로 실천하는 것이 어렵다는 말이다.

아이들을 키울 때에도 늘 머리에서 발끝까지, 멀고 먼 여행을 하곤 한다. 여러 가지 좋다는 자녀 교육의 방법들을 들어보면 머리로는 아는 게 많아지는데, 막상 아는 것을 실천하기란 참 어렵다. 차라리 모르고 그냥 키우면 편할 텐데, 그렇게 하지 말아야 한다는 걸 알면서도 불쑥불쑥 튀어나오는 나의 행동과 말이 마음을 더 괴롭힌다.

잔소리를 하지 말아야지 늘 결심하건만, 나도 모르게 잔소리를 쏟아내고는 뒤돌아서서 후회하는 나. 경쟁보다는 성장하는 과정이 소중하다고 하면서도 아이가 받아온 등수에 속상해하는 나. 머리에서 발끝까지가 멀고도 먼 엄마의 일상이다. 좋은 부모가 되고 싶다는 바람과는 달리 조금도 나아지질 않는 것 같아 한숨만 나온다.

하지만 안다는 것부터가 좋은 부모가 되는 여행의 시작이라고 생각해보면 어떨까? 행동을 바꾸기까지 네 가지 단계를 거친다고 한다. 아무것도 모른 채 고민 없이 살아가는 상태가 맨 처음 단계다.

두 번째는 새로운 깨달음을 얻고 행동을 바꾸려고 노력하지만 실천이 잘 안 되어 괴로워하는 단계다. 나를 비롯해 많은 부모들이 이 단계에서 많은 좌절을 겪고 고민을 한다. 하지만 이 또한 나아지는 과정이라고 생각하면서 마음을 위로해본다.

세 번째는 머리로 아는 것을 끊임없이 의식하면서 실제로 실천하게 되는 단계다. 엄청난 노력 끝에 드디어 조금씩 행동이 변하게 되는 것이다. 하지만 이 상태도 끊임없이 의식하면서 노력을 해야 하니 몸은 힘들다. 여기서 끝나는 것이 아니다. 그다음은 비로소 굳이 의식하지 않아도 자연스럽게 행동으로 이어지는 상태가 된다고 한다. 바로 네 번째 단계다. "잔소리를 안 해야지" 하면서 이를 악물고 안간힘을 쓰지 않더라도 저절로 잔소리를 하지 않게 되었다면 거의 도인의 경지에 오른 것이다. 그런 부모가 있다면 정말 존경스럽다.

부모로서 나의 모습을 돌아보면 가까스로 실천하는 것도 있지만, 아직도 바뀌도록 노력해야 할 것이 많다. 세상에서 가장 먼 여행이라고 할 만큼 아는 것을 실천하기란 정말로 힘들고 시간도 오래 걸린다. 하지만 너무 한숨만 쉴 필요는 없다. 알고 있다는 것만으로도, 노력하고 있다는 것만으로도 한 걸음씩 나아가고 있으니 비록 갈 길이 멀기는 하지만 즐거운 마음으로 그 여행을 즐길 수도 있지 않을까 싶다.

남반구의 별을 보며 우리나라에서 뉴질랜드까지, 머리에서 발까지, 우리가 바라는 모든 여행들이 좀 더 가까워지기를 빌어본다.

길을 잃지 않았으면
몰랐을 것들

"엄마, 지도를 좀 보라니까요!"

지도를 봐도 어디가 어딘지 잘 모르겠다. 요즘은 스마트폰에 목적지를 입력하면 현재 위치에서 가야 할 방향을 화살표로 자세하게 알려준다. 하지만 나는 화살표를 봐도 우왕좌왕, 도통 방향을 잡기 어렵다. 방향 감각, 공간 지각능력… 이런 말은 나와는 한참 거리가 멀다.

하지만 길치라는 것을 한탄하면서 기죽고 살 수만은 없다. 남들보다 시간도 많이 걸리고 불편하지만, 길을 잃어서 좋은 점도 있다고 주장하고 싶다.

《버스 놓친 날》은 그런 나에게 아주 반가운 책이었다. 이 책의 주인공 벵자맹은 편집강박장애를 겪고 있는데 아침에 먹는 콘플레이크의 개수부터 머리 가르마의 비율까지, 모든 것을 똑같이 정해진

대로 살아간다. 그러던 어느 날, 자명종이 고장 나서 특수학교로 태워다주는 학교버스를 놓치게 된다. 동네 악동들이 잘못 가르쳐준 버스를 타고, 알 수 없는 곳으로 가게 된 벵자맹의 이야기는 이렇게 시작된다.

시계추처럼, 다람쥐 쳇바퀴처럼 정해진 세계에서만 살아온 벵자맹. 갑작스런 경로 이탈에 벵자맹이 엄청난 불안과 공포에 휩싸일 것이라고 예상했지만, 전혀 아니었다. 여러 사람들을 만나고 세상 풍경을 구경하면서 벵자맹은 난생처음으로 해방감과 자유로움을 느끼게 된다. 더 넓은 세상을 만나고 돌아온 벵자맹을 보면서, 나도 하루쯤 일이 왕창 꼬여서 내가 살던 세계가 아닌 다른 세계를 헤매보고 싶다는 생각도 들었다.

아이들을 키우면서도 때때로 길을 헤매다가 새로운 길을 발견하기도 한다. 고민하고 흔들리면서 몰랐던 아이의 모습도 보게 되고, 남들이 다 가려고 하는 길만이 아니라 다른 길도 있다는 것을 알게 되었으니까 말이다.

아이들의 학년이 올라갈수록 공부에 대한 부담이 점점 더 커진다. 그런 아이들을 보면서 공부라는 길을 아무 어려움 없이 척척 잘 찾아나갔으면 몰랐을 것들에 대해 한번 생각해보았다. 아이들은 노력 없이 쉽게 얻을 수 있는 것은 없다는 걸 깨닫고, 더 열심히 해보겠다고 하면서 스스로 방법을 찾아나갔다. 그 과정에서 아이도 부쩍 성장하고 있다.

나 역시 겪어보지 않았다면 요즘 아이들이 얼마나 힘들게 공부하는지, 부모들의 마음이 얼마나 불안한지에 대해 공감하지 못했을 것이다. "거 봐요. 애들은 알아서 공부 잘하잖아요" 하면서 잘난 체 했을지도 모른다. 길을 잃고 헤매면서 나는 더 겸손해지고 있다.

그리고 길을 헤매지 않았으면 나도, 아이도 살아갈 미래를 더 넓게 보지 못했을 것이다. 살다보면 정해진 탄탄대로뿐 아니라 구불구불 돌아가는 길도 만난다. 험한 오르막길을 오를 때도 있고, 외로운 오솔길을 걸어야 할 때도 있다. 그렇게 인생에는 여러 갈래의 길이 있다는 것을 몰랐을 것이며, 갈 수 있는 길을 더 넓게 살펴보지 못했을 것이다.

또 아이를 진심으로 믿고 응원한다는 것이 무엇인지 몰랐을 것이다. 소신껏 아이 키우는 부모 되기가 이렇게 힘든 줄 몰랐을 것이며, 아이에 대한 욕심을 내려놓는 연습을 이만큼 많이 하지 못했을 것이다.

이렇게 많은 걸 배우게 되었으니 아이가 아무 어려움도 모르고 자라는 엄친아, 엄친딸이 아니라서 다행이라는 생각도 든다. 지금까지 부모로서 번민했던 순간들이 결코 헛되지 않음에 감사한다. 이 시간들이 있었기에 아이도, 나도 더 많은 것을 배우고 성장할 수 있었다.

'나침반은 흔들리지 않으면 방향을 잃는다'는 이슬람 속담이 있다고 한다. 길을 잃고 헤매고, 끊임없이 흔들리면서 또 다른 길을 찾아가는 시간을 즐길 수 있는 마음. 여행자에게도, 아이를 키우는 부모에게도 필요한 마음이 아닐까? 그래서 나는 길치인 내가 좋다.

길을 잃고 헤매면서 우리는 또 다른 길을 찾을 수 있다.

나만의 이야기를
만드는 성장 여행

누군가를 처음 만나면 인사하고 이야기를 나누다가 3분만 지나도 대화가 딱 막히는 사람이 있다. 반면에 어떤 사람은 이야기가 무궁무진해서 "와, 정말 멋지게 사는 사람이구나" 하면서 감탄하게 되는 사람도 있다. 대화가 3분 만에 막히는 사람과 계속 감탄하게 되는 사람, 그 차이는 그 사람이 얼마나 자기만의 이야기를 많이 가지고 있느냐에 달려 있다.

취업난이 날로 심해지면서 소위 '5개 스펙'이라고 하는 학벌·학점·토익·자격증·어학연수에, 최근에는 인턴 경험·수상 경력·봉사 활동이 추가된 '8대 스펙'도 등장했다고 한다. 하지만 아무리 스펙을 많이 쌓아도 취업은 어렵다고 한다. 세상은 다 똑같은 스펙보다는 차별화된 나만의 이야기에 점점 더 귀를 기울이고 있다.

성적은 좋지 않았지만, 장애를 가진 친구의 짝이 되어 학교생활

내내 꾸준히 도왔던 한 학생의 이야기를 대학에서 높이 평가하고 합격을 시켰다는 기사를 본 적이 있다. 이처럼 입시에서도 수치로 표시되는 성적만이 아닌, 그 사람을 잘 알 수 있는 이야기가 힘을 발휘할 때도 있다.

마케팅에서도 스토리텔링이 대세다. 단순히 상품만 파는 게 아니라 상품에 담긴 스토리를 만들어 기억하게 하자는 것이다. 평범한 마을의 벤치 하나도 유명한 사람이 와서 앉았던 곳이라면 더 특별한 의미를 담게 된다. 그만큼 스토리는 사람들 마음속에 깊고 강한 인상을 남긴다는 것을 알 수 있다.

하지만 요즘 아이들이 자라는 것을 보면 늘 학원에, 시험에 쫓기며 자신이 좋아하는 것을 찾아나갈 시간도, 나만의 스토리를 만들 여유도 없어 보인다. 영어 레벨이 얼마나 높은지, 수학은 얼마나 선행학습을 했는지, 상위 몇 퍼센트인지, 이처럼 눈에 보이는 숫자와 남과의 경쟁이 가장 중요하니 말이다.

'경쟁'이라는 잣대가 아니라, '성장'이라는 잣대로 세상을 살아갈 수는 없을까?

박찬호 선수는 메이저리그 역사상 동양인 최다승인 124승의 기록을 세운 그날 밤, 호텔방에서 펑펑 울었다고 한다. 기뻐서가 아니라 허망해서였다. 앞으로 그 기록을 누군가가 또 깰 거라고 생각하니, 더 높은 기록을 세워야 하나 별별 생각이 다 들고 불안했다는 것이다. 그때 박찬호 선수는 누구보다 더 높은 자리에 오르는 성공이 부질없음을 깨달았다고 한다. 누군가보다 더 잘나가고 승부에서 이기려 애쓰는 것이 아닌, 자신의 성장을 생각하게 된 계기가 되었다는 이 일화를 보면서 나는 고개를 끄덕였다. 남들의 기준에 끼워 맞추는 삶은 의미가 없다. 나만의 꿈을 향해, 어제보다 나은 나로 조금씩 성장해나가는 과정에서 나의 이야기도 만들어갈 수 있다.

여행을 좋아하는 이유 중 하나도 바로 '경쟁'이 아닌 '성장'할 수 있다는 점이다. 여행에서는 이기고 지는 게 없다. 일등이나 꼴등도 없고 누구와 비교할 필요도 없다. 여행은 각자의 길을 걸으며 즐기고, 사색하고, 만나면서 내면이 조금씩 성장해나가는 여정이다.

여행을 해보면 떠나기 전과 다녀온 후, 내 모습이 달라져 있는 걸 느끼게 된다. 그 변화는 꼭 눈에 보이는 성취가 아니더라도 편안한 휴식을 통한 힐링일 수도 있다. 또 새로운 배움과 깨달음, 전과는 다른 새로운 시각을 가지게 되는 것일 수도 있다. 이런 것들이 모두 나만의 이야기가 된다.

한 발 한 발 내딛는 여행을 통해 아이들이 세상 그 어떤 스펙보다 매력 있는 스토리를 갖게 되기를 바란다. 그렇게 된다면 경쟁이라는 잣대가 여기저기 도사리고 있는 세상에서도 꿋꿋하게 자신의 길을 찾아나갈 수 있지 않을까? 나만의 색다른 이야기가 길을 밝히는 이정표가 되어줄 테니까.

여름에서 봄으로, 다시 시작!

　새해 첫날인 1월 1일에 뉴질랜드로 떠나서 3월의 첫날, 다시 한국으로 돌아왔다. 꼭 두 달 만이다. 공항 안의 한글 안내판도 반갑고, 우리말 방송도 귀에 쏙쏙 잘 들렸다. 그동안 영어로 보고, 듣고, 말해야 하는 일이 늘 부담스러웠는데 우리나라에 오니 참 편하구나 싶었다.
　열두 시간 비행으로 몸은 지쳤지만 여행의 추억으로 가득 찬 마음에는 살랑살랑 봄바람이 부는 듯했다. 하지만 공항을 나서니 아직은 겨울 날씨였다. 뉴질랜드의 여름에 익숙해졌는지 바람이 더 차갑게 느껴졌다.
　집으로 돌아가는 길, 자주 가던 집 근처 도서관과 식당, 지하철역이 익숙하면서도 낯설게 느껴졌다. 내가 살던 이곳은 우리가 떠나던 그날에 멈춰 있는 듯했다. 모든 것이 거의 그대로였다. 집도 변한

게 없었다. 심지어 두 달 전에 널어놓고 간 빨래까지 건조대에 그대로 걸려 있었고, 떠나던 날 부랴부랴 나가느라 제대로 정리하지 못하고 간 그릇이며 어수선한 부엌 풍경까지 그대로였다.

비워 놓았던 집은 온기가 없어 썰렁했지만, 우리가 없는 동안 화분에 물을 주러 다녀가신 아버지가 문에 붙여놓은 쪽지가 웃음 짓게 했다.

은이 님과 준이 님 귀국을 환영합니다.
온 국민이 기뻐하고 있습니다. 만세!

이렇게 동네도, 집도 그대로였다. 우리는 많은 것이 변했는데 말이다. 우선 겉모습을 보자. 뉴질랜드의 뜨거운 햇살에 얼굴은 까무잡잡해졌고, 준이의 머리는 두 달 동안 앞머리가 눈까지 내려오고 귀밑머리도 볼에 닿도록 자라 있었다. 다음 날이 개학일인데, 미장원 문도 닫은 시간이라 더벅머리로 새 학년을 맞이하게 생겼다. 나 역시 '새치'라 믿고 싶은 흰 머리카락이 염색한 지 한참 되어 다시 삐죽삐죽 보였다.

은이는 교복이 짧아진 것 같아 키를 재보니 두 달 사이에 2, 3센티미터나 커 있었다. 나도, 남편도 다 키가 큰데, 은이는 또래에 비해 키가 많이 작은 편이라 걱정했었다. 이렇게 훌쩍 자란 걸 보니 참 반가웠다. 자란 건 키뿐만이 아니었다.

아이들은 낯선 사람들과 낯선 풍경들을 더 스스럼없이 받아들였고, 여행의 즐거움뿐 아니라 불편함까지도 즐겼다. 좁은 캠핑카를 보며 나는 '돈 들여서 이게 무슨 고생인가' 싶었다. 하지만 아이들은 불편한 캠핑카 생활도 신나했다. 낯선 곳에서 잘 적응할 수 있을까 걱정했던 나의 우려와는 달리, 말이 잘 안 통하는 뉴질랜드 아이들과도 친구가 되어 잘 어울렸다. 영어를 못해도 기죽지 않고 말이다.

은이, 준이는 내가 데리고 다녀야 하는 어린아이가 더 이상 아니었다. 이제는 함께하는 든든한 여행 동반자가 되었다. 뉴질랜드를 여행하며 두 아이는 한 번도 아프지 않고 펄펄 날아다녔다. 오히려 나는 발목을 삐기도 하고, 편두통으로 골골거린 적도 여러 번 있었다. 그때마다 나를 보살펴주었던 아이들은 아는 이 하나 없는 낯선 땅에서 나의 든든한 보호자였다.

여행지에서 만난 세계 여러 나라의 젊은이들은 다 씩씩하게 자신의 길을 개척하면서 인생을 즐기고 있었다. 새로운 만남과 도전을 즐기고, 뜻밖의 일도 잘 헤쳐 나갈 수 있는 사람. 그렇게 여행을 잘하는 사람은 인생도 잘 살아갈 수 있는 사람이다. 이런 믿음이 있기에 우리는 언젠가 또 떠날 용기를 낼 수 있으리라.

넓은 대자연 속에서 맘껏 뛰어놀았으면 좋겠다는 나의 바람처럼, 아이들은 내가 기대했던 것보다 훨씬 신나게 잘 놀았다. 어느 날 준이가 이런 말을 했다.

"엄마, 뉴질랜드에 오니까 힐링이 되는 것 같아요. 유럽에는 교회나 박물관 같은 게 많잖아요. 그런데 뉴질랜드는 자연에서 막 뛰어노니까 좋아요."

어디서 들었는지 준이가 '힐링'이라는 말을 했다. 웃음도 났지만, 한편으로는 우리 여행을 잘 표현한 말이 아닌가 싶었다. 힐링 여행!

말 그대로 그동안 지쳤던 몸과 마음을 다시 더 건강하게 회복하는 시간이 되었다. 학년이 올라갈수록 여유도 없어지고, 정해진 틀에 맞춰야 하는 학교생활은 점점 더 팍팍해진다. 하지만 여행을 통해 얻은 지혜와 용기로 자기만의 길을 씩씩하게 찾아나갈 수 있으리라는 희망을 품게 되었다.

여행에서 돌아온 다음 날, 은이는 새 학년에 필요한 학용품을 산다며 광화문에 있는 큰 문구매장에 가겠다고 했다. 전에는 친구와 같이 가거나 내가 따라가야 했는데, 은이는 밀린 집안일을 하느라 바쁜 나를 보더니 혼자 다녀오겠다고 하고는 나갔다. 그렇게 혼자 집을 나서는 은이의 뒷모습이 훌쩍 커보였다. 여행에서 돌아온 뒤로 아이들은 더 씩씩해졌다. 두어 시간 뒤, 은이가 돌아와서 말했다.

"엄마, 사람들이 너무 많았어요. 더 구경하고 싶었는데, 하도 정신없어서 얼른 사갖고 왔어요. 여행하면서 100퍼센트 충전되었는데, 오늘 1퍼센트는 쓴 것 같아요. 이제 아껴 써야겠어요."

아이의 말처럼, 여행이 우리에게 채워준 것들이 살아가는 데 큰 힘이 되리라. 두근두근했던 뉴질랜드의 여름을 보내고 다시 맞은 봄.

"그래, 아직 날씨는 춥지만 우리 마음은 새롭게 출발하는 봄. 이제 다시 시작이야!"

에필로그
학부모가 아닌, 부모가 되는 여행

부모는 멀리 보라 하고
학부모는 앞만 보라 합니다.

부모는 함께 가라 하고
학부모는 앞서가라 합니다.

부모는 꿈을 꾸라 하고
학부모는 꿈꿀 시간을 주지 않습니다.

당신은 부모입니까? 학부모입니까?

부모의 모습으로 돌아가는 길,
참된 교육의 시작입니다.

잔잔하지만 커다란 울림을 주었던 어느 공익 광고다. 과연 나는 부모일까, 학부모일까? 아이들의 학년이 올라갈수록 고민은 점점 더 깊어졌고, 큰아이가 중학생이 되면서는 갈등이 끝없이 이어졌다. 멀리 보고, 함께 가고, 또 꿈꾸도록 도와주는 부모가 되어야 한다는 걸 머리로는 알고 있지만 몸과 마음은 잘 따라주지 않았다. 큰아이의 중학교 첫 시험 성적표를 보고 나니 한숨만 나오고, 학부모의 마음이 저절로 되었다.

마음 넓은 부모가 되고 싶다는 마음과는 달리 조바심 내는 학부모가 되는 가장 큰 이유는 불안 때문이다. 상위 10퍼센트가 되어야 서울에 있는 대학에 간신히 들어간다는 입시 통계를 보면서, 과연 우리 아이는 어떤 대학을 갈 수 있을까 하는 불안. 청년 실업 300만 시대라는데 내 아이가 백수가 되지 않고 밥벌이하면서 살 수 있을까 하는 불안. 빈부 격차는 점점 심해지고 사회 안전망은 너무나도 허술한 이 사회에서 제대로 살아갈 수 있을까 하는 불안….

이런 불안은 나도 그렇고, 어떤 부모라도 다 느끼는 마음일 것이다. 험난한 세상에서 안정이 보장된 미래를 살아가도록 하려면 좋은 학벌이 필요하고, 그러려면 입시 경쟁에서 이겨야 한다는 맹목적인 믿음은 불안을 떨치기 위해 가장 다급하게 찾는 방법인 듯하다.

하지만 생각해보면 꼭 공부 잘해서 좋은 대학 가고, 대기업에 취직해야 잘 살 수 있는 건 아니다. '질문을 통해 스스로 답을 찾아가게 한다'는 법륜 스님의 강연을 보며 참으로 유쾌하게 웃었던 기억이 난다. 아들이 공부를 못해서 걱정이라고 하소연하는 부모에게 스님이 물었다.

"자기는 학교 다닐 때 공부 잘했어요?"

"잘하지 못했습니다." 이 대답에 청중들은 웃음을 터뜨렸다.

"공부 못했어도 장가가서 애 낳고 행복하게 잘 살고 있지요?"

"네, 잘 살고 있습니다."

"그러니 우리 아이도 공부 못해도 잘 살 겁니다. 나도 잘 사니까요. 아무 문제가 없어요."

맞다. 공부만이 유일한 길이라는 생각을 버릴 때 불안한 마음도 버릴 수 있다. 나도 주위 사람들이 살아가는 모습을 보면서 생각을 조금씩 바꾸려 노력하고 있다. 행복하게 잘 사는 방법에는 시험 문제처럼 하나의 정답만 있는 게 아니라, 여러 가지 길이 있다는 것을 알게 되었기 때문이다.

우선은 나만의 행복의 기준을 찾아야 한다. '언제 가장 행복한가'에 대해 쓴 글에서 아들 준이는 좋아하는 야구를 할 때, 가족과 함께 있을 때라고 했다. 앞으로도 아이들이 자신만의 행복 기준을 가지고 살아나가면 좋겠다.

흔히 말하는 성공의 조건인 명문대 졸업, 높은 연봉, 큰 집, 비싼 차가 아니라 행복했던 순간이나 내게 소중한 가치를 생각해보면 입시나 성적이라는 잣대에서 벗어나 훨씬 더 자유로워질 수 있다.

더 멀리 보고 넓게 생각하면서 아이 스스로 좋아하고 잘할 수 있는 길을 찾아가게 도와주려면 늘 불안해하는 '학부모'가 아니라 중심을 잡고 흔들리지 않는 '부모'가 되어야 한다. 하지만 흔들리는 부모 마음과 경쟁으로 무장한 학부모 마음이 외나무다리에서 만날 때마다 부모는 비틀거리면서 지는 때가 많아 늘 속상하다.

여행을 하면서 바라보는 내 모습은 오랜만에 마음에 든다. 나에게서 불안한 학부모가 아니라 편안한 부모의 모습을 발견하기 때문이다. 큰 세상을 만나면 마음이 넓어지고, 있는 그대로의 아이를 보게 되니 부모도 행복해진다.

가까운 곳이든, 먼 곳이든 여행을 가보자. 여행 중에는 까칠해지기 쉬운 사춘기 아이와도 편안하게 대화하는 분위기가 만들어진다. 마음의 여유가 생기니 잔소리하는 부모가 아니라 친구 같은 부모가 된다. 아이도 마음을 열고 평소엔 차마 하지 못했던 말들을 슬며시 꺼내놓기도 한다.

아이가 더 크고 나면, 좋은 대학에 가고 나면, 좋은 직장에 취직하고 나면… 이렇게 자꾸 미루다 보면 아이와 나는 너무 멀어져 있을지도 모른다. 아이가 중 3이든, 고 3이든 함께하는 이 순간이 더 행복해져야 한다. 여행은 부모와 자식 사이도 더 따뜻하게 만든다.

첫아이가 태어났을 때 내 나이는 서른이었지만, 처음 엄마가 된 나이로는 한 살. 은이가 열다섯 살이면 나도 열다섯 살 엄마다. 아이도 사춘기, 엄마 나이로도 사춘기라 아직 서툰 점투성이다.

아이가 하루가 다르게 자라듯이, 나도 학부모와 부모 사이에서 성장통을 겪으며 자라고 있다. 비바람에 흔들리면서 꽃이 피듯이, 나침반이 흔들리면서 방향을 찾아가듯이, 그렇게 나도 부모의 자리로 돌아가고 싶다. 학부모가 아닌 온전히 부모가 되는 여행! 여행의 시간이 더 소중한 이유다.

여행 잘하는 사람으로 큰다면

초판 1쇄 인쇄 2016년 6월 27일
초판 1쇄 발행 2016년 7월 5일

지은이 류한경
펴낸이 이범상
펴낸곳 (주)비전비엔피 · 애플북스

기획 편집 이경원 박월 김승희 강찬양 배윤주
디자인 김혜림 이미숙 김희연
마케팅 한상철 이재필 반지현
전자책 김성화 김희정
관리 박석형 이다정

주소 우)04034 서울특별시 마포구 잔다리로7길 12 (서교동)
전화 02)338-2411 | **팩스** 02)338-2413
이메일 visioncorea@naver.com
원고투고 editor@visionbp.co.kr

등록번호 제313-2007-000012호

ISBN 979-11-86639-22-1   13590

· 값은 뒤표지에 있습니다.
· 잘못된 책은 구입하신 서점에서 바꿔드립니다.

「이 도서의 국립중앙도서관 출판시도서목록(CIP)은 e-CIP홈페이지(http://www.nl.go.kr/ecip)와 국가자료공동목록시스템(http://www.nl.go.kr/kolisnet)에서 이용하실 수 있습니다.(CIP제어번호: CIP2016014162)」